미래와 통하는 책

동양북스 외국어
베스트 도서

700만 독자의 선택!

새로운 도서,
다양한 자료
동양북스
홈페이지에서
만나보세요!

www.dongyangbooks.com
m.dongyangbooks.com

※ 학습자료 및 MP3 제공 여부는 도서마다 상이하므로 확인 후 이용 바랍니다.

홈페이지 도서 자료실에서 학습자료 및 MP3 무료 다운로드

PC

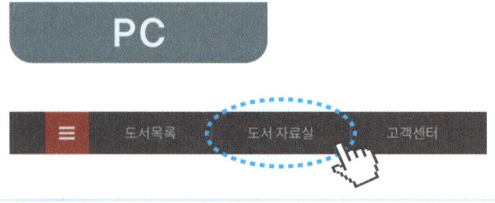

❶ 홈페이지 접속 후 도서 자료실 클릭
❷ 하단 검색 창에 검색어 입력
❸ MP3, 정답과 해설, 부가자료 등 첨부파일 다운로드
* 원하는 자료가 없는 경우 '요청하기' 클릭!

MOBILE

* 반드시 '인터넷, Safari, Chrome' App을 이용하여 홈페이지에 접속해주세요. (네이버, 다음 App 이용 시 첨부파일의 확장자명이 변경되어 저장되는 오류가 발생할 수 있습니다.)

❶ 홈페이지 접속 후 ☰ 터치

❷ 도서 자료실 터치

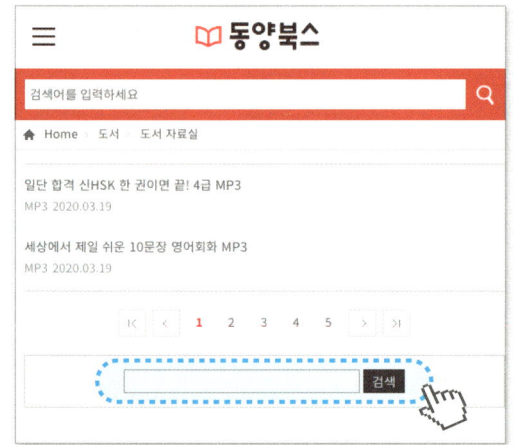

❸ 하단 검색창에 검색어 입력
❹ MP3, 정답과 해설, 부가자료 등 첨부파일 다운로드
* 압축 해제 방법은 '다운로드 Tip' 참고

가나·한자
쓰기노트

동양북스

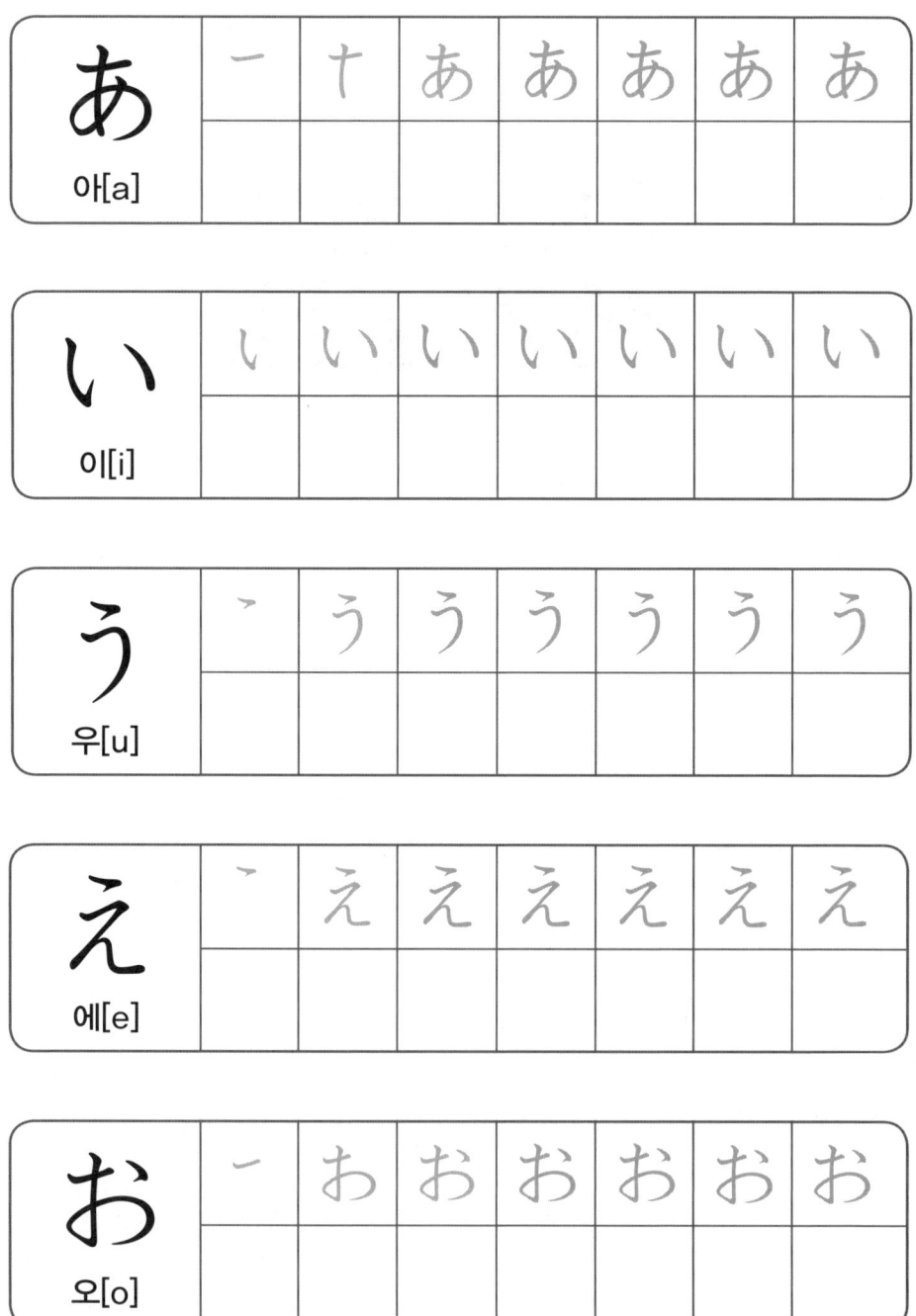

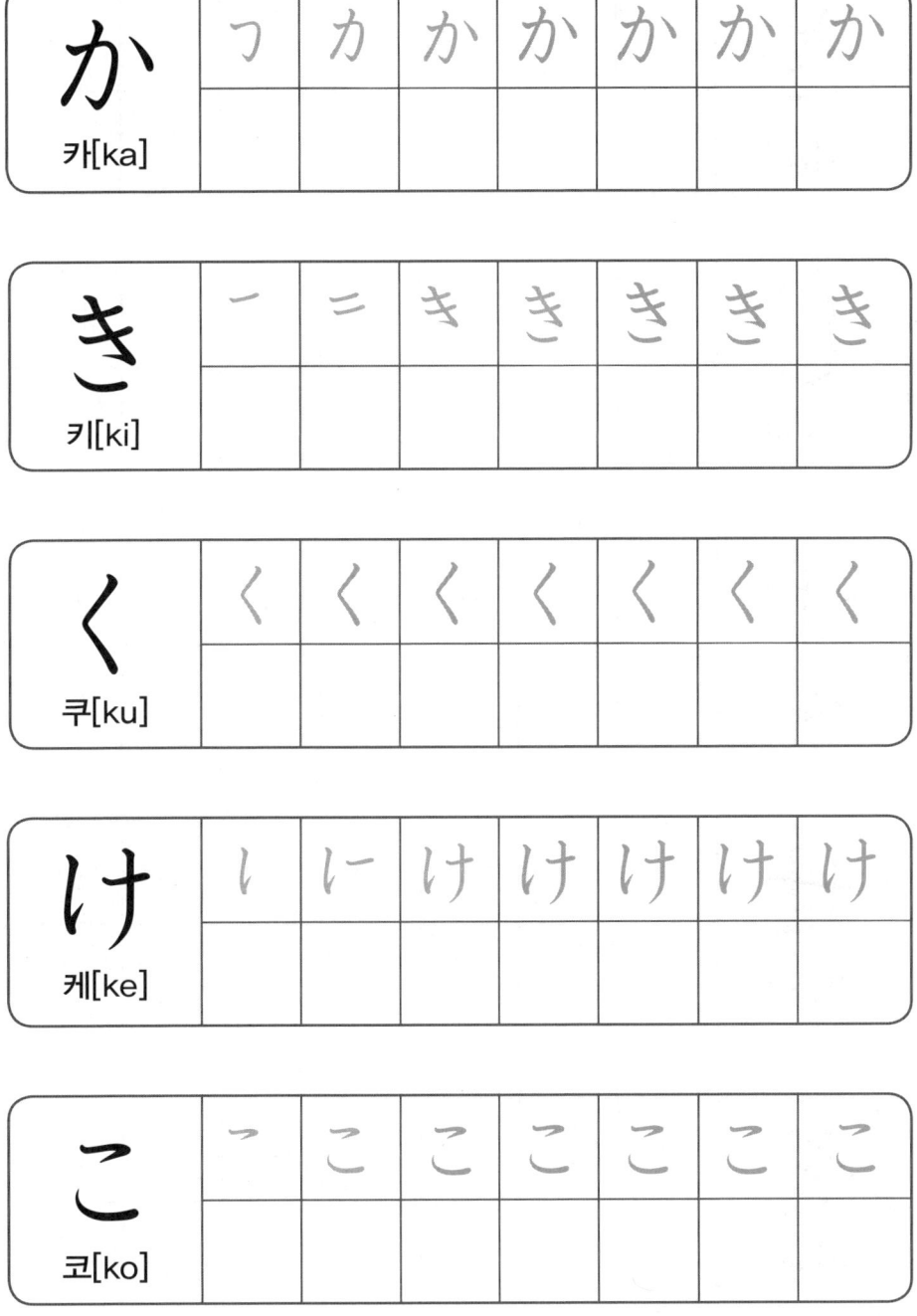

| か
카[ka] | つ | カ | か | か | か | か | か |
| | | | | | | | |

| き
키[ki] | 一 | ニ | き | き | き | き | き |
| | | | | | | | |

| く
쿠[ku] | く | く | く | く | く | く | く |
| | | | | | | | |

| け
케[ke] | ｜ | ｜- | け | け | け | け | け |
| | | | | | | | |

| こ
코[ko] | っ | こ | こ | こ | こ | こ | こ |
| | | | | | | | |

さ 사[sa]	ー	さ	さ	さ	さ	さ	さ

し 시[shi]	し	し	し	し	し	し	し

す 스[su]	ー	す	す	す	す	す	す

せ 세[se]	ー	ナ	せ	せ	せ	せ	せ

そ 소[so]	そ	そ	そ	そ	そ	そ	そ

た	ー	ナ	た	た	た	た	た
타[ta]							

ち	ー	ち	ち	ち	ち	ち	ち
치[chi]							

つ	つ	つ	つ	つ	つ	つ	つ
츠[tsu]							

て	て	て	て	て	て	て	て
테[te]							

と	ヽ	と	と	と	と	と	と
토[to]							

な	ー	ナ	ナ	な	な	な	な
나[na]							

に	し	に	に	に	に	に
니[ni]						

ぬ	し	ぬ	ぬ	ぬ	ぬ	ぬ
누[nu]						

ね	し	ね	ね	ね	ね	ね
네[ne]						

の	の	の	の	の	の	の
노[no]						

6

は	し	に	は	は	は	は	は
하[ha]							

ひ	ひ	ひ	ひ	ひ	ひ	ひ	ひ
히[hi]							

ふ	ゝ	ふ	ふ	ふ	ふ	ふ	ふ
후[fu]							

へ	へ	へ	へ	へ	へ	へ	へ
헤[he]							

ほ	し	に	に	ほ	ほ	ほ	ほ
호[ho]							

ま 마[ma]	ー	ニ	ま	ま	ま	ま	ま

み 미[mi]	み	み	み	み	み	み	み

む 무[mu]	ー	む	む	む	む	む	む

め 메[me]	＼	め	め	め	め	め	め

も 모[mo]	し	も	も	も	も	も	も

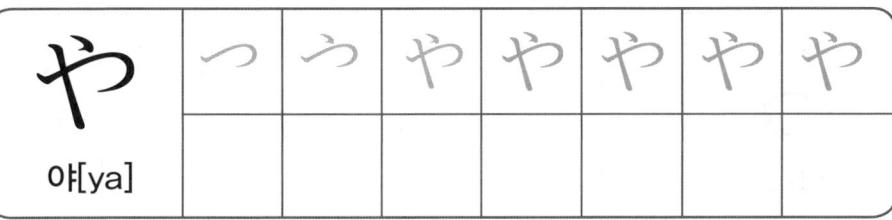

や
야[ya]

ゆ
유[yu]

よ
요[yo]

쓰기 어려운 글자 연습

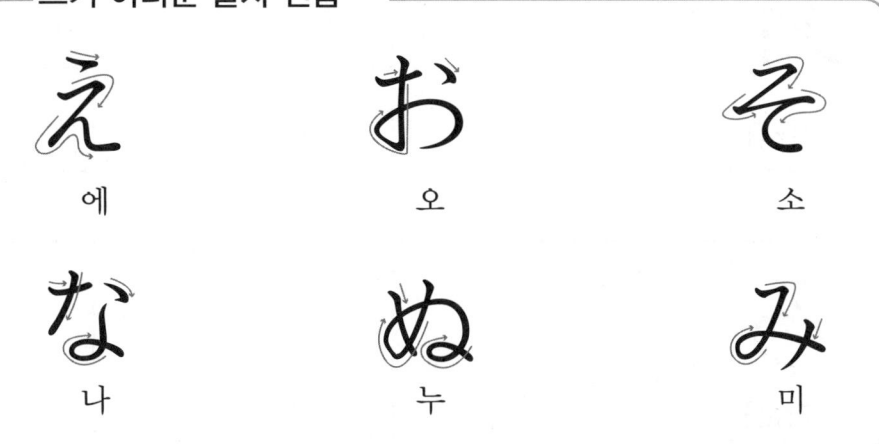

え
에

お
오

そ
소

な
나

ぬ
누

み
미

ら
라[ra]

` ら ら ら ら ら ら

り
리[ri]

ⅼ り り り り り り

る
루[ru]

る る る る る る る

れ
레[re]

ⅼ れ れ れ れ れ れ

ろ
로[ro]

ろ ろ ろ ろ ろ ろ ろ

わ 와[wa]	l	わ	わ	わ	わ	わ	わ

を 오[o]	一	ナ	を	を	を	を	を

ん 응[N]	ん	ん	ん	ん	ん	ん	ん

쓰기 어려운 글자 연습

め 메	ひ 히	る 루
れ 레	わ 와	を 오

|가타카나 청음^{清音}| '청음'은 맑은 소리란 뜻.

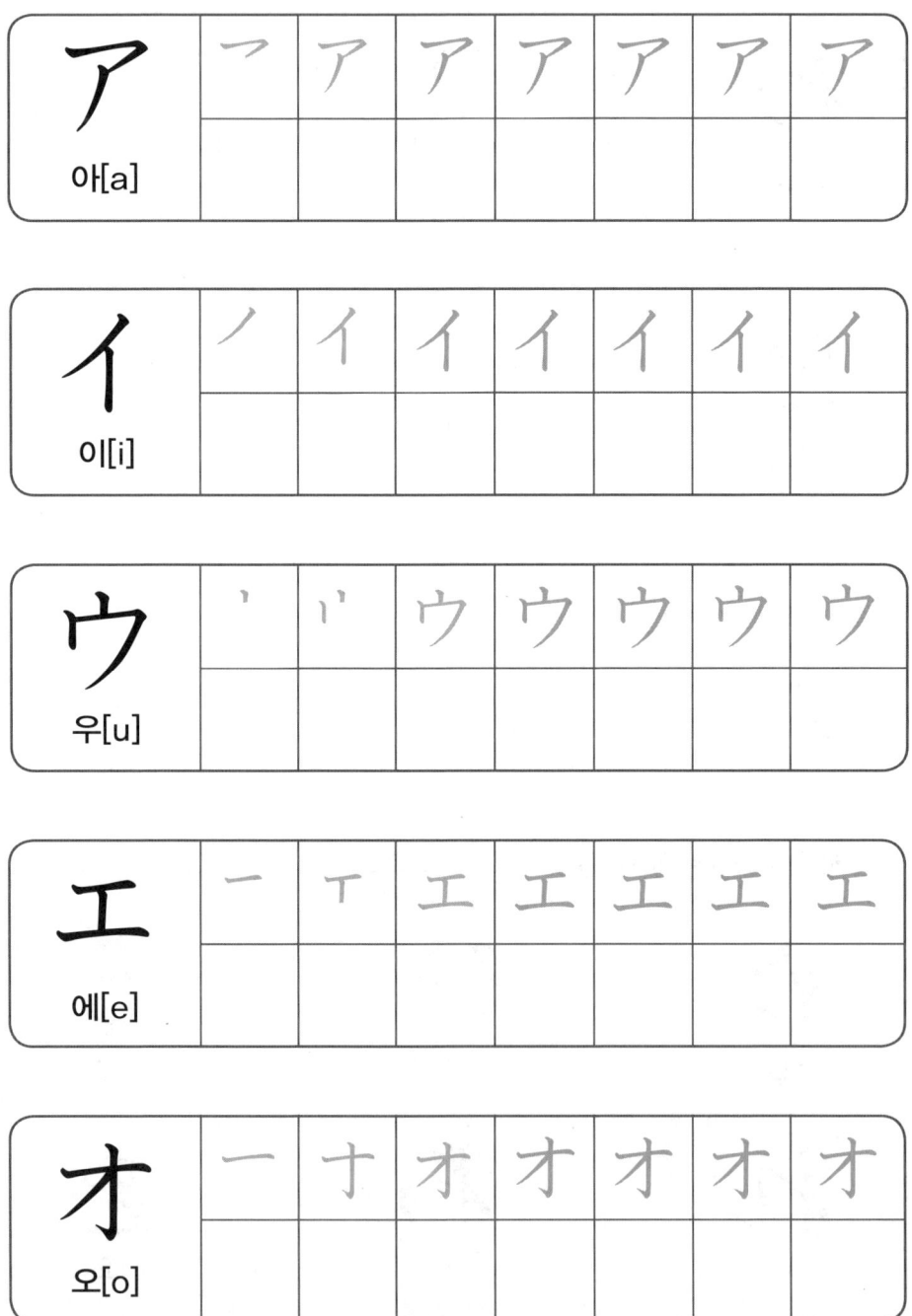

ア	⁻	ア	ア	ア	ア	ア	ア
아[a]							

イ	ノ	イ	イ	イ	イ	イ	イ
이[i]							

ウ	'	'	ウ	ウ	ウ	ウ	ウ
우[u]							

エ	⁻	⁻	エ	エ	エ	エ	エ
에[e]							

オ	⁻	⁻	オ	オ	オ	オ	オ
오[o]							

カ	フ	カ	カ	カ	カ	カ	カ
카[ka]							

キ	一	二	キ	キ	キ	キ	キ
키[ki]							

ク	ノ	ク	ク	ク	ク	ク	ク
쿠[ku]							

ケ	ノ	ケ	ケ	ケ	ケ	ケ	ケ
케[ke]							

コ	フ	コ	コ	コ	コ	コ	コ
코[ko]							

サ 사[sa]	一	十	サ	サ	サ	サ	サ

シ 시[shi]	`	``	シ	シ	シ	シ	シ

ス 스[su]	フ	ス	ス	ス	ス	ス	ス

セ 세[se]	ㄱ	セ	セ	セ	セ	セ	セ

ソ 소[so]	`	ソ	ソ	ソ	ソ	ソ	ソ

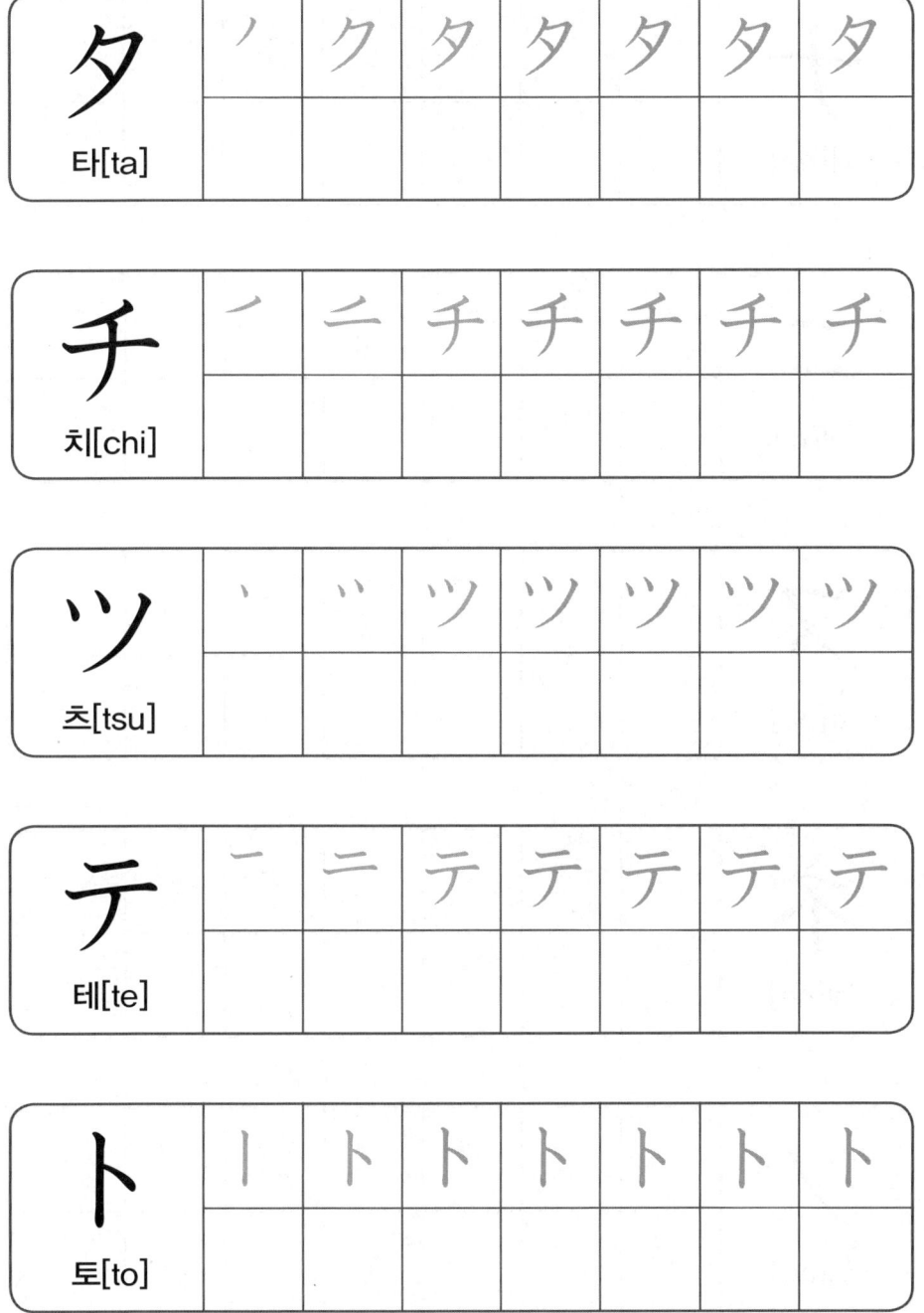

夕 タ[ta]	ノ	ク	タ	タ	タ	タ	タ
チ 치[chi]	ノ	二	チ	チ	チ	チ	チ
ツ 츠[tsu]	丶	丷	ツ	ツ	ツ	ツ	ツ
テ 테[te]	一	二	テ	テ	テ	テ	テ
ト 토[to]	l	ト	ト	ト	ト	ト	ト

15

ナ 나[na]	一	ナ	ナ	ナ	ナ	ナ	ナ

二 니[ni]	一	二	二	二	二	二	二

ヌ 누[nu]	フ	ヌ	ヌ	ヌ	ヌ	ヌ	ヌ

ネ 네[ne]	`	ラ	ネ	ネ	ネ	ネ	ネ

ノ 노[no]	ノ	ノ	ノ	ノ	ノ	ノ	ノ

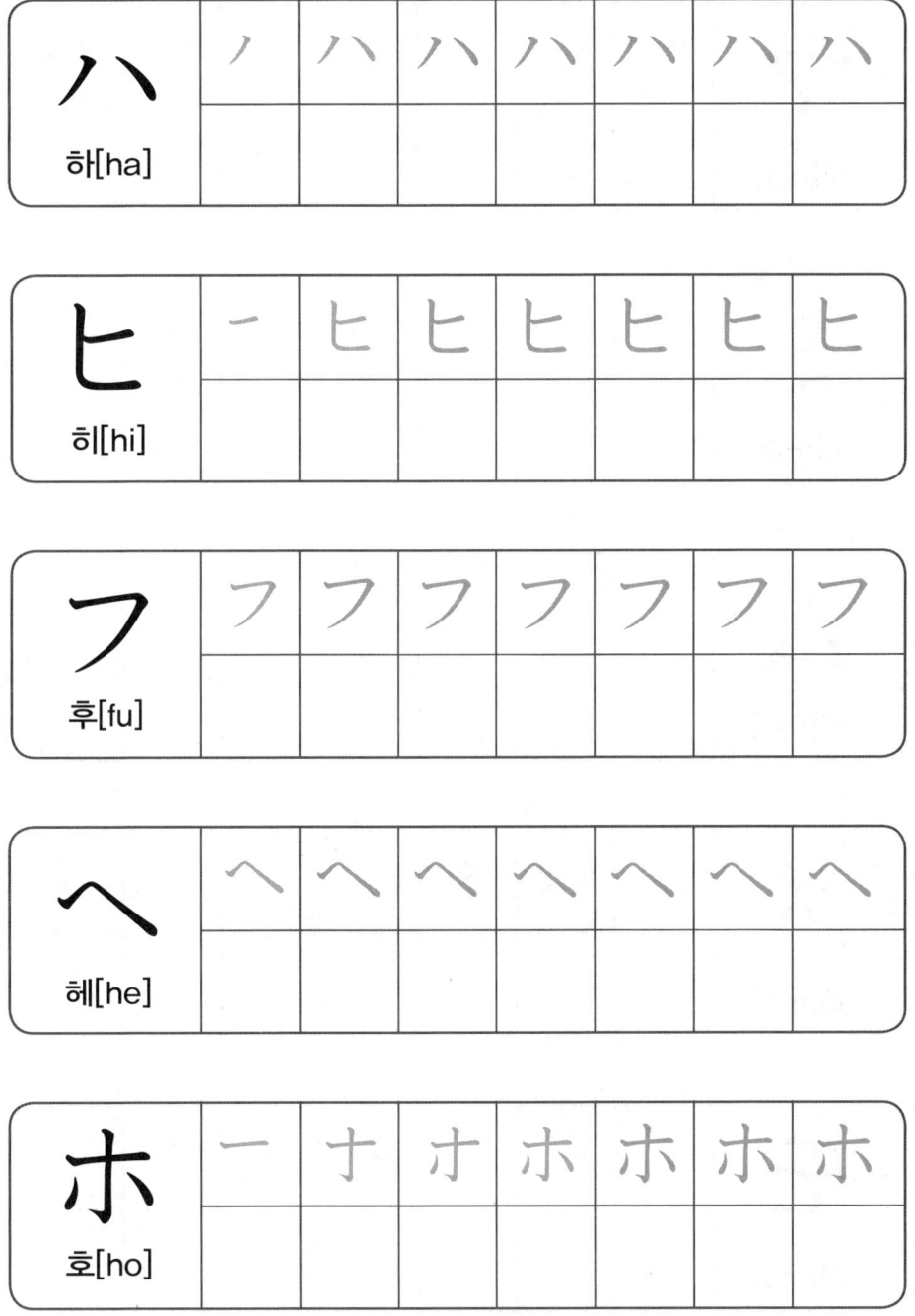

ハ 하[ha]	ノ	ハ	ハ	ハ	ハ	ハ	ハ
ヒ 히[hi]	ー	ヒ	ヒ	ヒ	ヒ	ヒ	ヒ
フ 후[fu]	フ	フ	フ	フ	フ	フ	フ
ヘ 헤[he]	ヘ	ヘ	ヘ	ヘ	ヘ	ヘ	ヘ
ホ 호[ho]	ー	ナ	オ	ホ	ホ	ホ	ホ

|가타카나 청음清音| '청음'은 맑은 소리란 뜻.

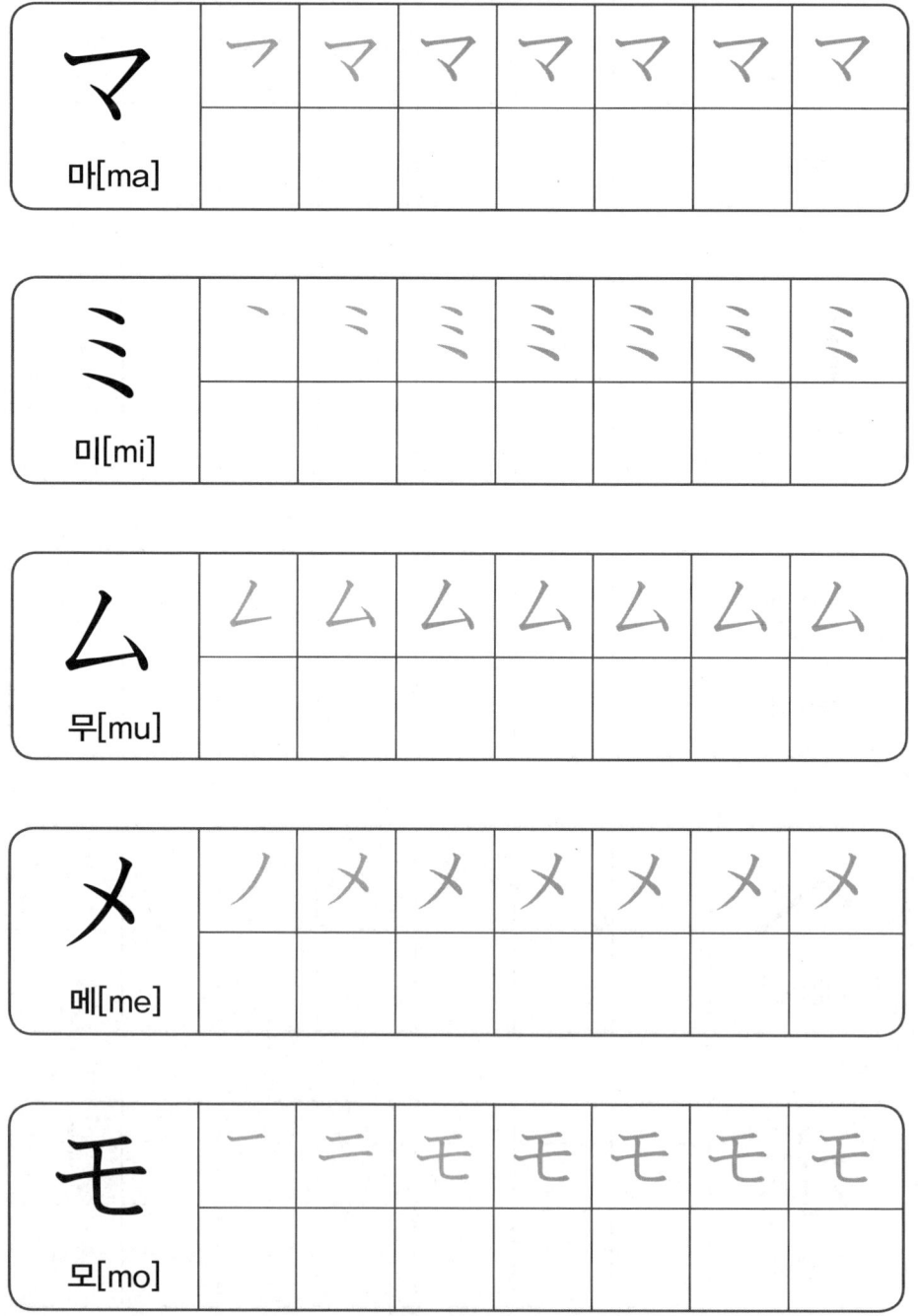

マ 마[ma]

ミ 미[mi]

ム 무[mu]

メ 메[me]

モ 모[mo]

ヤ	ー	ア	ヤ	ヤ	ヤ	ヤ	ヤ
야[ya]							

ユ	フ	ユ	ユ	ユ	ユ	ユ	ユ
유[yu]							

ヨ	フ	ヨ	ヨ	ヨ	ヨ	ヨ	ヨ
요[yo]							

헷갈리는 글자 똑바로 쓰기

シ	ツ		コ	ユ
시	츠		코	유
オ	ネ		ホ	モ
오	네		호	모

ラ 라[ra]	ˋ	ラ	ラ	ラ	ラ	ラ	ラ

リ 리[ri]	｜	リ	リ	リ	リ	リ	リ

ル 루[ru]	ノ	ル	ル	ル	ル	ル	ル

レ 레[re]	レ	レ	レ	レ	レ	レ	レ

ロ 로[ro]	｜	冂	ロ	ロ	ロ	ロ	ロ

ワ 와[wa]	ヽ	ワ	ワ	ワ	ワ	ワ	ワ

ヲ 오[o]	ー	ニ	ヲ	ヲ	ヲ	ヲ	ヲ

ン 응[N]	ヽ	ン	ン	ン	ン	ン	ン

┌─ 헷갈리는 글자 똑바로 쓰기 ─────────────

ソ　　　ン　　　　　ラ　　　ヲ
소　　　응　　　　　라　　　오

21

が	つ	カ	か	が	が	が	が
가[ga]							

ぎ	ー	二	き	き	ぎ	ぎ	ぎ
기[gi]							

ぐ	く	ぐ	ぐ	ぐ	ぐ	ぐ	ぐ
구[gu]							

げ	し	しー	け	げ	げ	げ	げ
게[ge]							

ご	っ	こ	ご	ご	ご	ご	ご
고[go]							

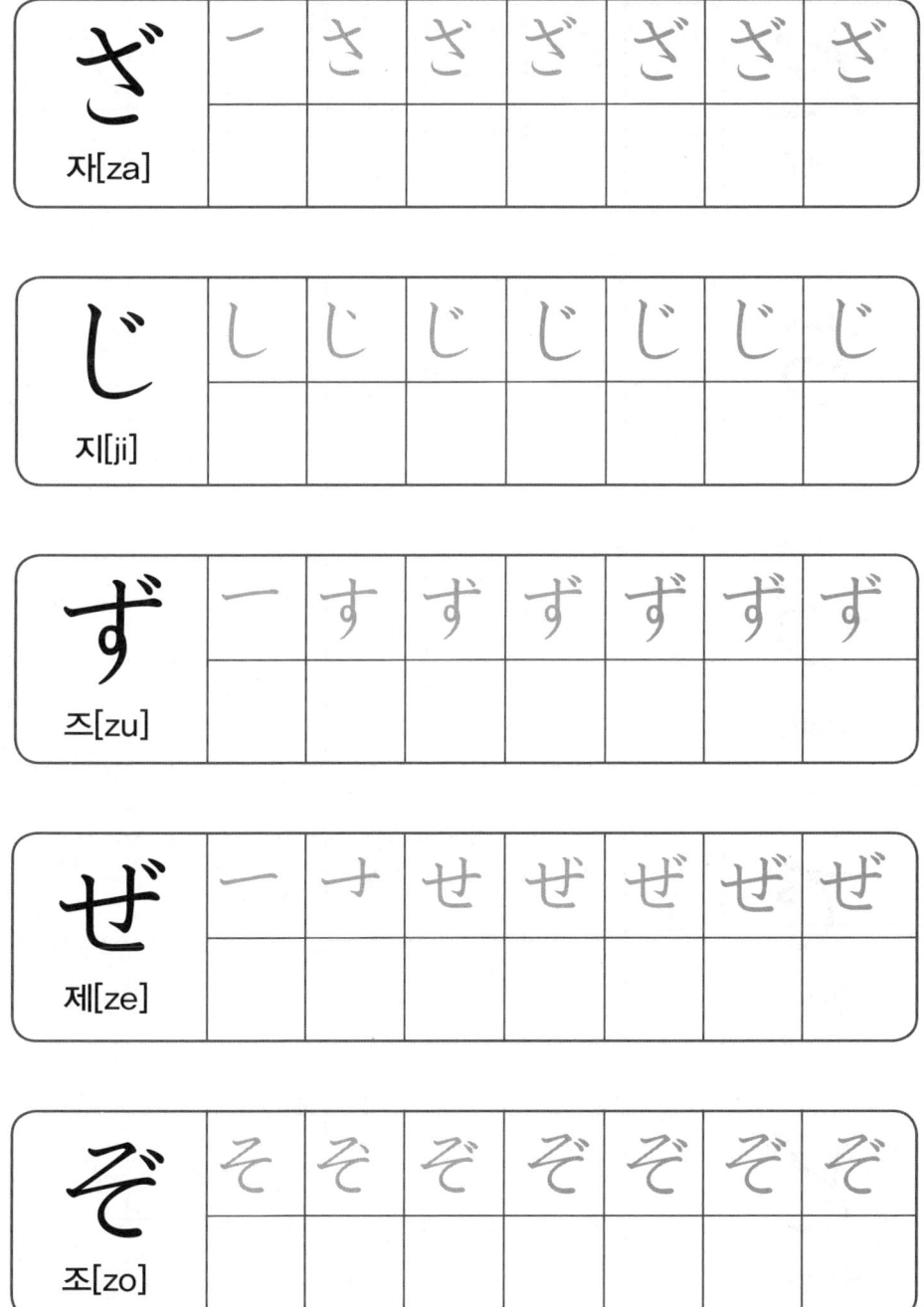

ざ 자[za]	ー	さ	ざ	ざ	ざ	ざ	ざ

じ 지[ji]	し	じ	じ	じ	じ	じ	じ

ず 즈[zu]	ー	す	ず	ず	ず	ず	ず

ぜ 제[ze]	ー	ナ	せ	ぜ	ぜ	ぜ	ぜ

ぞ 조[zo]	そ	そ	ぞ	ぞ	ぞ	ぞ	ぞ

だ	ー	ナ	た	た	だ	だ	だ
다[da]							

ぢ	ー	ち	ち	ぢ	ぢ	ぢ	ぢ
지[ji]							

づ	つ	づ	づ	づ	づ	づ	づ
즈[zu]							

で	て	で	で	で	で	で	で
데[de]							

ど	ヽ	と	ど	ど	ど	ど	ど
도[do]							

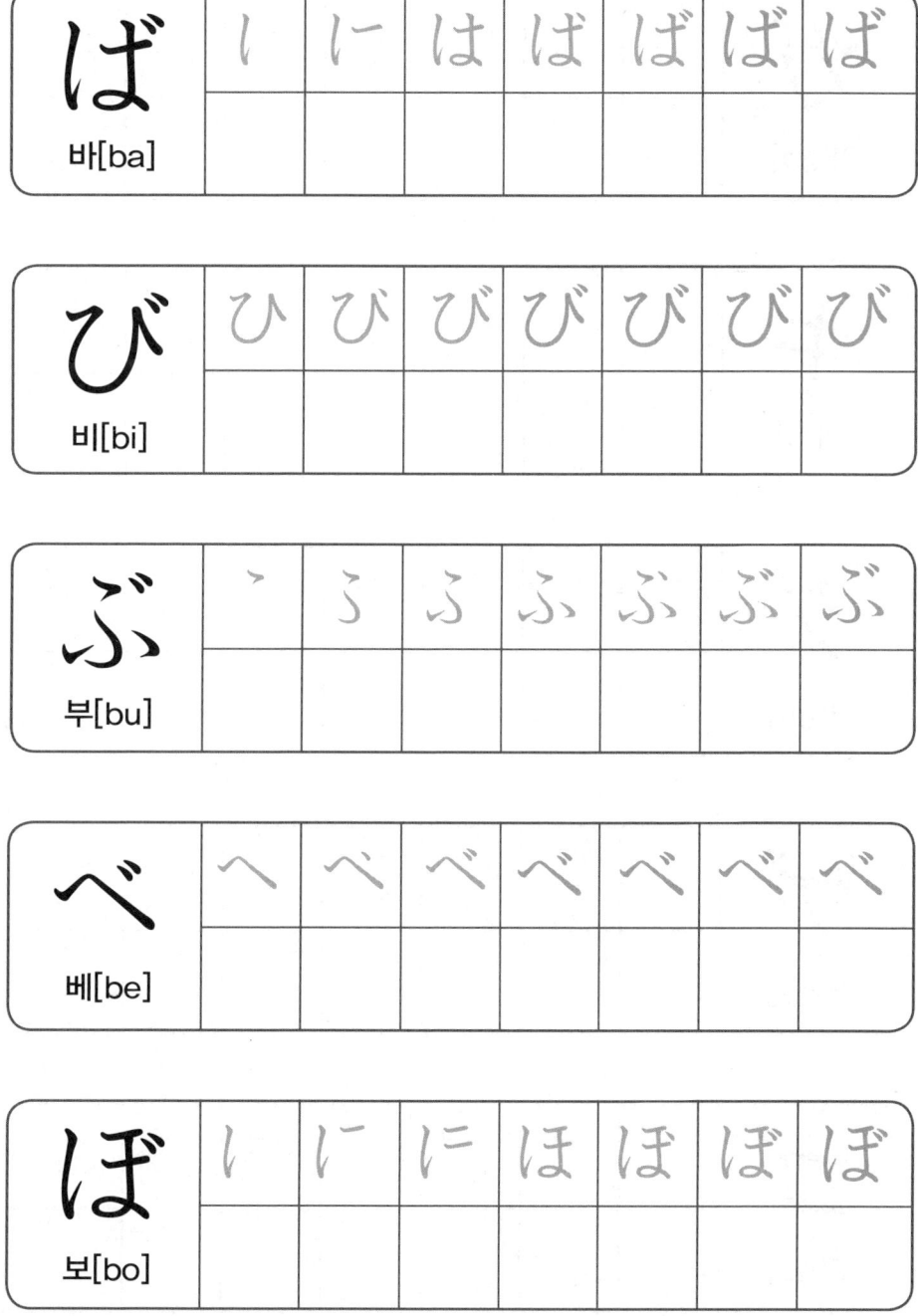

ば	し	に	は	ば	ば	ば	ば
바[ba]							

び	ひ	ひ	び	び	び	び	び
비[bi]							

ぶ	`	う	ふ	ふ	ぶ	ぶ	ぶ
부[bu]							

べ	へ	べ	べ	べ	べ	べ	べ
베[be]							

ぼ	し	に	に	ほ	ぼ	ぼ	ぼ
보[bo]							

가타카나 탁음^{濁音}

|가타카나 탁음^{濁音}| 「カ/サ/タ/ハ」행 글자 오른쪽 상단에 탁점 [゛] 표기.

ガ 가[ga]	フ	カ	ガ	ガ	ガ	ガ	ガ

ギ 기[gi]	ー	ニ	キ	ギ	ギ	ギ	ギ

グ 구[gu]	ノ	ク	グ	グ	グ	グ	グ

ゲ 게[ge]	ノ	ケ	ケ	ゲ	ゲ	ゲ	ゲ

ゴ 고[go]	フ	コ	ゴ	ゴ	ゴ	ゴ	ゴ

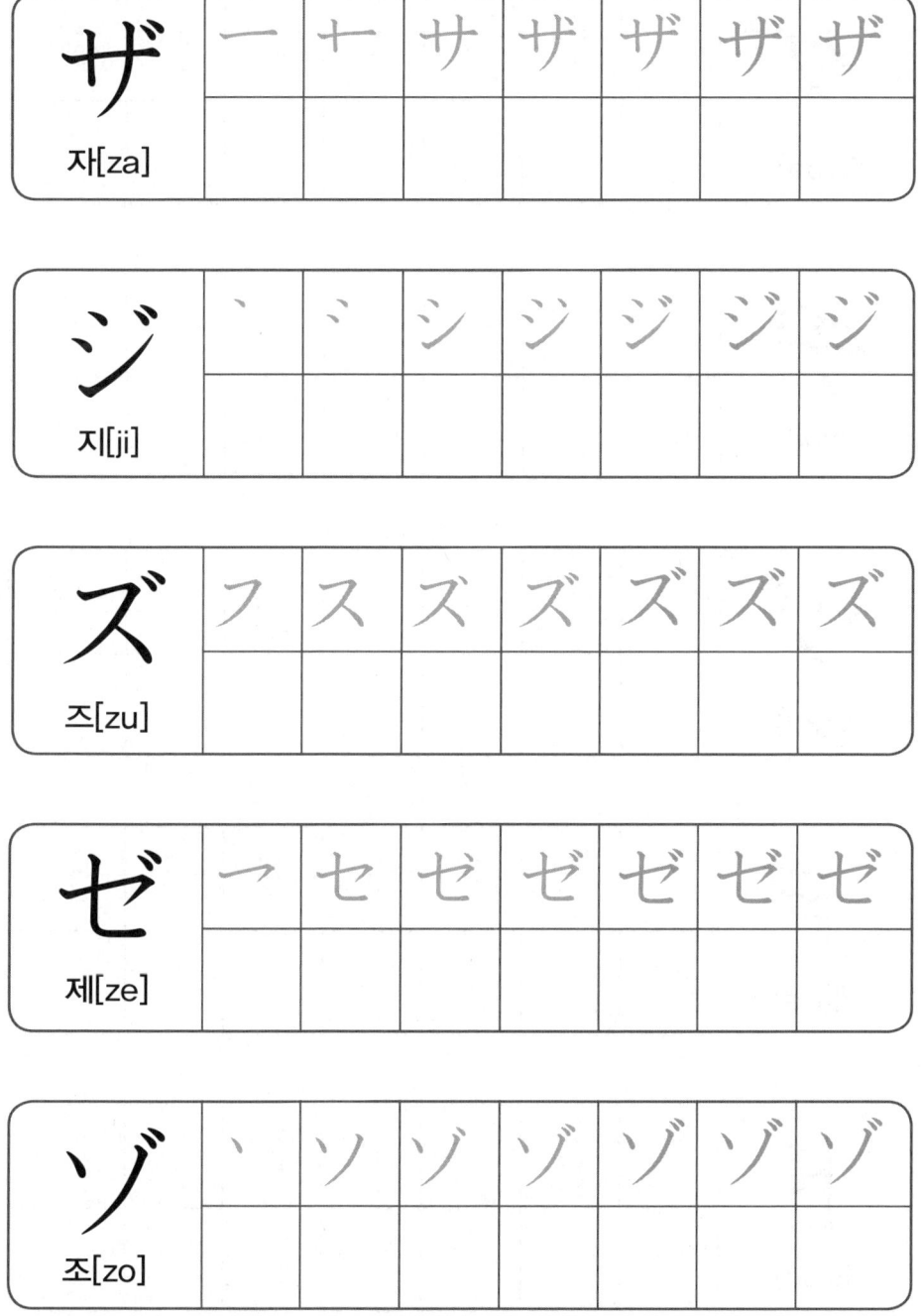

ザ	一	十	サ	ザ	ザ	ザ	ザ
자[za]							

ジ	`	` `	シ	シ	ジ	ジ	ジ
지[ji]							

ズ	フ	ス	ス	ズ	ズ	ズ	ズ
즈[zu]							

ゼ	⌐	セ	ゼ	ゼ	ゼ	ゼ	ゼ
제[ze]							

ゾ	`	ソ	ゾ	ゾ	ゾ	ゾ	ゾ
조[zo]							

ダ	ノ	ク	タ	ダ	ダ	ダ	ダ
다[da]							

ヂ	´	ニ	チ	チ	ヂ	ヂ	ヂ
지[ji]							

ヅ	`	ヽヽ	ツ	ヅ	ヅ	ヅ	ヅ
즈[zu]							

デ	ー	ニ	テ	テ	デ	デ	デ
데[de]							

ド	l	ト	ド	ド	ド	ド	ド
도[do]							

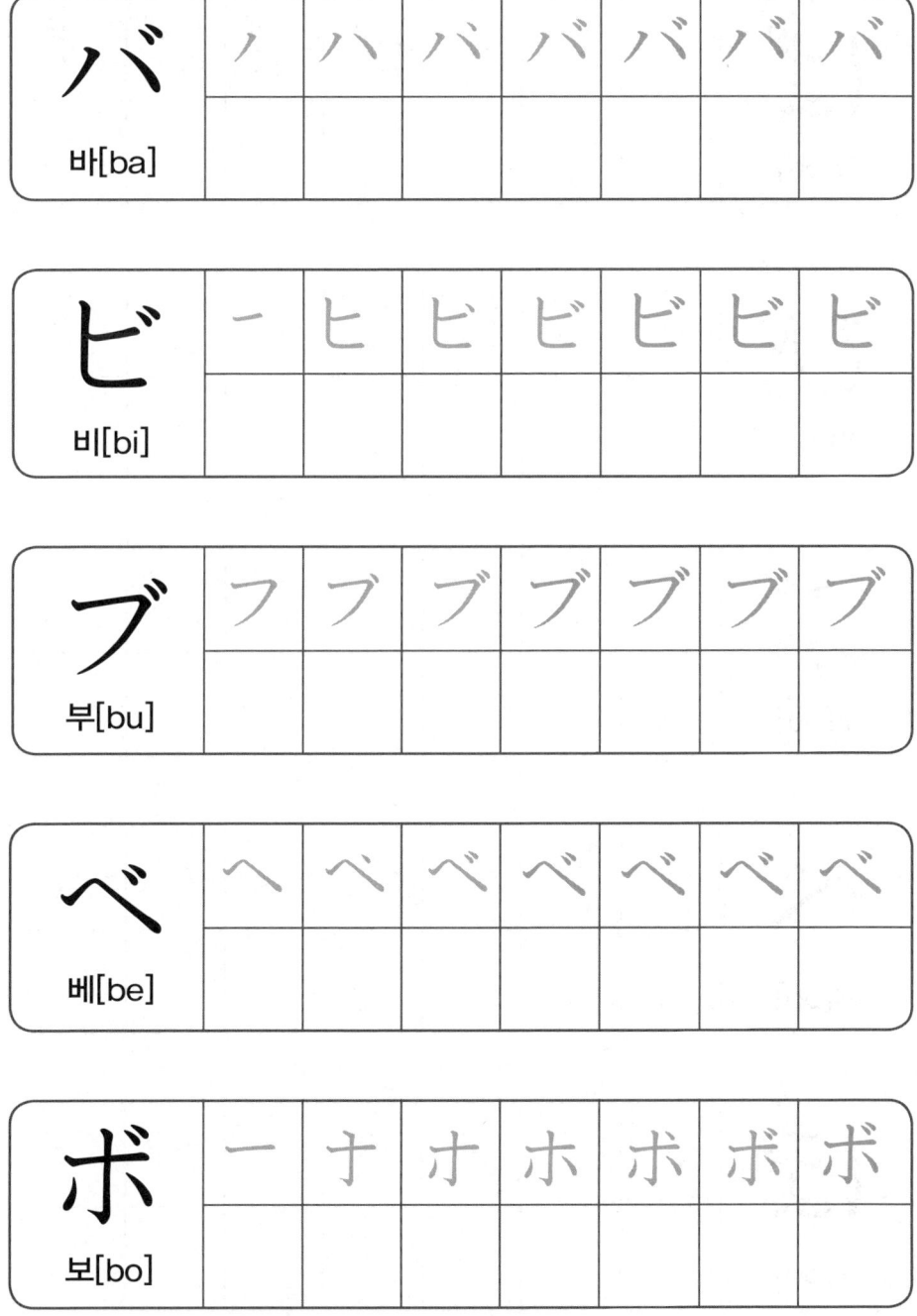

バ 바[ba]	ノ	ハ	バ	バ	バ	バ	バ

ビ 비[bi]	⁻	ヒ	ヒ	ビ	ビ	ビ	ビ

ブ 부[bu]	フ	ブ	ブ	ブ	ブ	ブ	ブ

ベ 베[be]	ヘ	ベ	ベ	ベ	ベ	ベ	ベ

ボ 보[bo]	⁻	ナ	オ	ホ	ボ	ボ	ボ

히라가나 반탁음 半濁音 | 「は」행에 상단에 반탁음 부호 [゚] 표기.

ぱ							
파[pa]	⌐	⌐⌐	は	ぱ	ぱ	ぱ	ぱ

ぴ							
피[pi]	ひ	ぴ	ぴ	ぴ	ぴ	ぴ	ぴ

ぷ							
푸[pu]	`	ふ	ふ	ふ	ぷ	ぷ	ぷ

ぺ							
페[pe]	へ	ぺ	ぺ	ぺ	ぺ	ぺ	ぺ

ぽ							
포[po]	⌐	⌐⌐	⌐⌐	ぽ	ぽ	ぽ	ぽ

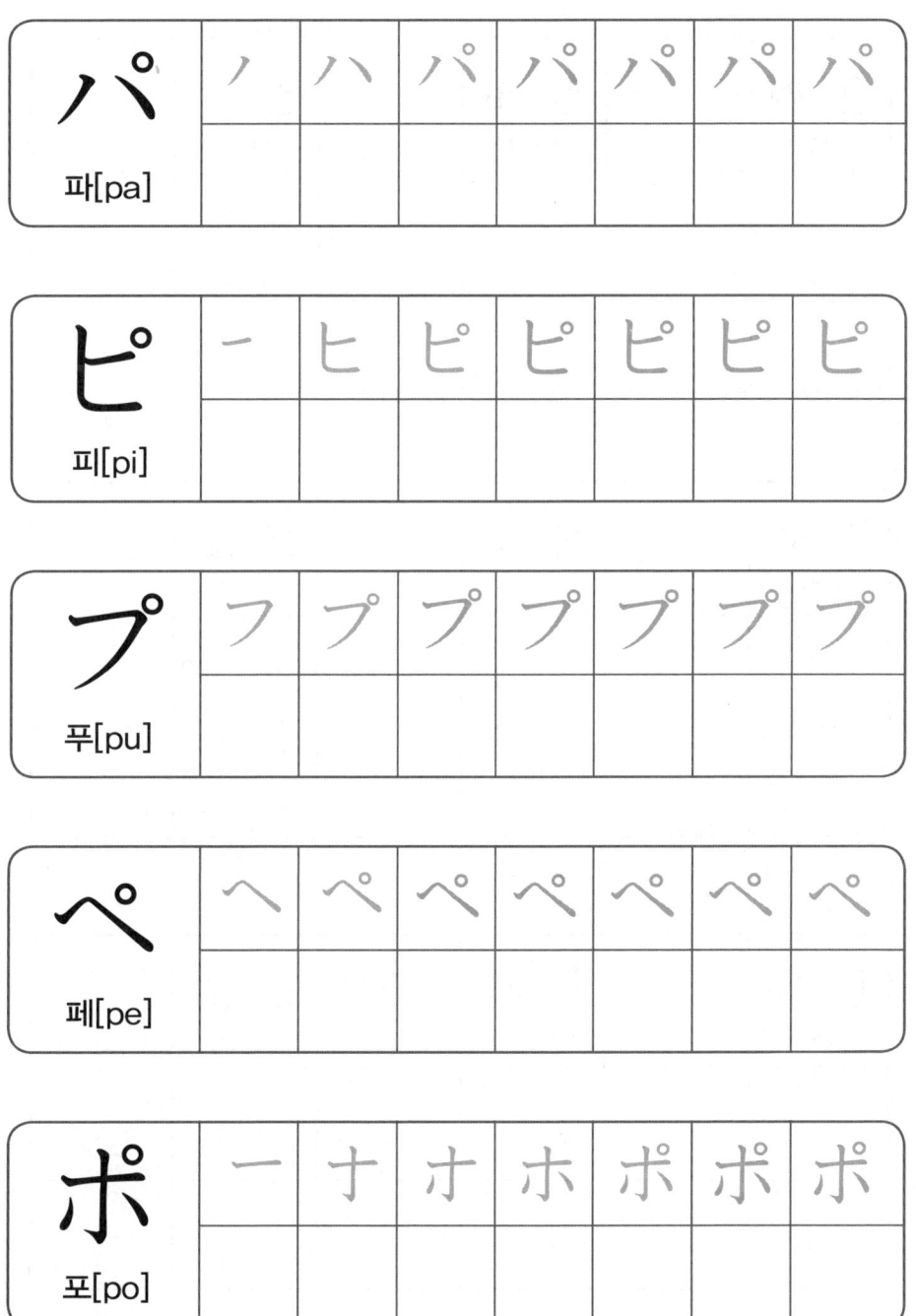

パ 파[pa]	ノ	ハ	パ	パ	パ	パ	パ

ピ 피[pi]	一	ヒ	ピ	ピ	ピ	ピ	ピ

プ 푸[pu]	フ	プ	プ	プ	プ	プ	プ

ペ 페[pe]	ヘ	ペ	ペ	ペ	ペ	ペ	ペ

ポ 포[po]	一	ナ	オ	ホ	ポ	ポ	ポ

히라가나 요음拗音

「い단」의 글자(いきしちにひみりぎじぢびぴ) 옆에 「や, ゆ, よ」를 조그맣게 써서 표기합니다.

きゃ	きゃ	きゅ	きゅ	きょ	きょ
캬[kya]		큐[kyu]		쿄[kyo]	

ぎゃ	ぎゃ	ぎゅ	ぎゅ	ぎょ	ぎょ
갸[gya]		규[gyu]		교[gyo]	

しゃ	しゃ	しゅ	しゅ	しょ	しょ
샤[sha]		슈[shu]		쇼[sho]	

じゃ	じゃ	じゅ	じゅ	じょ	じょ
쟈[ja]		쥬[ju]		죠[jo]	

ちゃ	ちゃ	ちゅ	ちゅ	ちょ	ちょ
챠[cha]		츄[chu]		쵸[cho]	

にゃ	にゃ	にゅ	にゅ	にょ	にょ
냐[nya]		뉴[nyu]		뇨[nyo]	

히라가나 요음 拗音

「い단」의 글자(いきしちにひみりぎじぢびぴ) 옆에 「や, ゆ, よ」를 조그맣게 써서 표기합니다.

ひゃ	ひゃ	ひゅ	ひゅ	ひょ	ひょ
햐[hya]		휴[hyu]		효[hyo]	

びゃ	びゃ	びゅ	びゅ	びょ	びょ
뱌[bya]		뷰[byu]		뵤[byo]	

ぴゃ	ぴゃ	ぴゅ	ぴゅ	ぴょ	ぴょ
퍄[pya]		퓨[pyu]		표[pyo]	

みゃ	みゃ	みゅ	みゅ	みょ	みょ
먀[mya]		뮤[myu]		묘[myo]	

りゃ	りゃ	りゅ	りゅ	りょ	りょ
랴[rya]		류[ryu]		료[ryo]	

|가타카나 요음^{拗音}|

キャ	キャ	キュ	キュ	キョ	キョ
캐[kya]		큐[kyu]		쿄[kyo]	

ギャ	ギャ	ギュ	ギュ	ギョ	ギョ
걔[gya]		규[gyu]		교[gyo]	

シャ	シャ	シュ	シュ	ショ	ショ
샤[sha]		슈[shu]		쇼[sho]	

ジャ	ジャ	ジュ	ジュ	ジョ	ジョ
쟈[ja]		쥬[ju]		죠[jo]	

チャ	チャ	チュ	チュ	チョ	チョ
챠[cha]		츄[chu]		쵸[cho]	

ニャ	ニャ	ニュ	ニュ	ニョ	ニョ
냐[nya]		뉴[nyu]		뇨[nyo]	

|가타카나 요음^{拗音}|

가타카나 요음 拗音

「イ단」의 글자(イ キ シ チ ニ ヒ ミ リ ギ ジ ヂ ビ ピ) 옆에 「ヤ, ユ, ヨ」를 조그맣게 써서 표기합니다.

ヒャ	ヒャ	ヒュ	ヒュ	ヒョ	ヒョ
햐[hya]		휴[hyu]		효[hyo]	

ビャ	ビャ	ビュ	ビュ	ビョ	ビョ
뱌[bya]		뷰[byu]		뵤[byo]	

ピャ	ピャ	ピュ	ピュ	ピョ	ピョ
퍄[pya]		퓨[pyu]		표[pyo]	

ミ ヤ	ミ ヤ	ミ ユ	ミ ユ	ミ ヨ	ミ ヨ
먀[mya]		뮤[myu]		묘[myo]	

リ ャ	リ ャ	リ ュ	リ ュ	リ ョ	リ ョ
랴[rya]		류[ryu]		료[ryo]	

한자쓰기

家								
집 가	家家家家家宇家家家家							
歌								
노래 가	歌歌歌歌歌歌歌歌歌歌歌歌歌歌							
強								
강할 강	強強強強強強強強強強							
開								
열 개	開開開開開開開開開開開開							
去								
갈 거	去去去去去							
建								
세울 건	建建建建建建建建建							
犬								
개 견	犬大大犬							
京								
서울 경	京京京京京京京京							
計								
셀 계	計計計計計言言計計							
界								
지경 계	界界界界界界界界界							
古								
옛 고	古古古古古							

考								
생각할 고　考 考 考 考 考 考								
工								
장인 공　工 工 工								
空								
빌 공　空 空 空 空 空 空 空 空								
館								
집 관　館 館 館 館 館 館 館 館 館 館 館 館 館 館 館 館								
広								
넓을 광　広 広 広 広 広								
教								
가르칠 교　教 教 教 教 教 教 教 教 教 教 教								
口								
입 구　口 口 口								
究								
궁구할 구　究 究 究 究 究 究 究								
帰								
돌아올 귀　帰 帰 帰 帰 帰 帰 帰 帰 帰 帰								
近								
가까울 근　近 近 近 近 近 近 近								
急								
급할 급　急 急 急 急 急 急 急 急 急								

起							
일어날 기 起 起 起 起 起 起 走 起 起 起							

多							
많을 다 多 多 多 多 多 多							

茶							
차 다(차) 茶 茶 茶 茶 茶 茶 茶 茶 茶							

答							
대답할 답 答 答 答 答 答 答 答 答 答 答 答							

堂							
집 당 堂 堂 堂 堂 堂 堂 堂 堂 堂 堂 堂							

代							
대신할 대 代 代 代 代 代							

台							
돈대 대 台 台 台 台 台							

待							
기다릴 대 待 待 待 待 待 待 待 待 待							

貸							
빌릴 대 貸 貸 貸 貸 代 代 代 貸 貸 貸 貸 貸							

図							
그림 도 図 図 図 図 図 図 図							

度							
법도 도 度 度 度 度 度 度 度 度 度							

道								
길 도	道道道道道道道道道道道							
冬								
겨울 동	冬冬冬冬冬							
同								
한가지 동	同同同同同同							
動								
움직일 동	動動動動動動動重動動							
旅								
나그네 려	旅旅旅方旅旅旅旅旅旅							
力								
힘 력	力力							
料								
헤아릴 료	料料料料料料料料料料							
理								
다스릴 리	理理理理理理理理理理							
立								
설 립	立立立立立							
売								
팔 매	売売売売売売売							
妹								
손아래누이 매	妹妹妹妹妹妹妹妹							

買								
살 매 　買 買 買 買 買 買 買 買 買 買 買								
勉								
힘쓸 면 　勉 勉 勉 勉 勉 勉 勉 勉 勉 勉								
明								
밝을 명 　明 明 明 明 明 明 明 明								
目								
눈 목 　目 目 目 目 目 目								
文								
글월 문 　文 文 文 文								
問								
물을 문 　問 問 問 問 問 問 問 問 問 問 問								
味								
맛 미 　味 味 味 味 味 味 味 味								
飯								
밥 반 　飯 飯 飯 飯 飯 飯 飯 飯 飯 飯 飯								
発								
필 발 　発 発 発 発 発 発 発 発 発								
方								
모 방 　方 方 方 方								
別								
다를 별 　別 別 別 別 別 別 別								

病								
병병 病病病病病病病病病								
步								
걸을 보 步步步步步步步步								
服								
옷 복 服服服服服服服服								
不								
아니 불 不不不不								
写								
베낄 사 写写写写写								
仕								
벼슬 사 仕仕仕仕仕								
死								
죽을 사 死死死死死死								
社								
단체 사 社社社社社社社								
私								
사사 사 私私私私私私私								
事								
일 사 事事事事事事事事								
使								
부릴 사 使使使使使使使使								

47

思									
생각 사　思思思思思思思思思									
色									
빛 색　色色色色色色									
夕									
저녁 석　ノクタ									
世									
세상 세　一十十世世									
少									
적을 소　丨小小少									
送									
보낼 송　送送送送送送送送送									
習									
익힐 습　習習習習習習習習習習習									
始									
비로소 시　始始始始始始始始									
試									
시험할 시　試試試試試試試試試試試試試									
新									
새로울 신　新新新新新新新新新新新新新									
室									
방 실　室室室室室室室室室									

48

心								
마음 심　心 心 心 心								
悪								
나쁠 악　悪 悪 悪 悪 悪 悪 悪 悪 悪 悪								
楽								
풍류 악　楽 楽 楽 楽 楽 楽 楽 楽 楽 楽 楽 楽								
安								
편안할 안　安 安 安 安 安 安								
野								
들 야　野 野 野 野 野 野 野 野 野 野 野								
洋								
바다 양　洋 洋 洋 洋 洋 洋 洋 洋 洋								
魚								
물고기 어　魚 魚 魚 魚 魚 魚 魚 魚 魚 魚 魚								
言								
말씀 언　言 言 言 言 言 言 言								
業								
업 업　業 業 業 業 業 業 業 業 業 業								
駅								
역참 역　駅 駅 駅 駅 駅 駅 駅 駅 駅 駅 駅 駅 駅								
研								
갈 연　研 研 研 研 研 研 研 研 研								

英									
꽃부리 영　英英英英英英英英									
映									
비칠 영　映映映映映映映映映									
屋									
집옥　屋屋屋屋屋屋屋屋屋									
曜									
빛날 요　曜曜曜曜曜曜曜曜曜曜曜曜曜曜曜曜曜曜									
用									
쓸용　丿几月月用									
牛									
소우　牛牛牛牛									
運									
돌운　運運運運運運運運運運運運									
元									
으뜸 원　元元元元									
院									
집원　院院院院院院院院院院									
有									
있을 유　有有有有有有									
肉									
고기 육　肉肉肉肉肉肉									

銀								
은 은　銀 銀 銀 銀 銀 銀 銀 銀 銀 銀 銀 銀 銀								
飲								
마실 음　飲 飲 飲 今 今 今 帝 食 食 飮 飮 飮 飮								
医								
의원 의　医 医 医 医 医 医 医								
意								
뜻 의　意 意 意 意 产 产 音 音 音 音 意 意 意								
以								
써 이　以 以 以 以 以								
字								
글자 자　字 字 字 字 字 字								
自								
스스로 자　自 自 自 自 自 自								
姉								
손위누이 자　姉 姉 姉 姉 姉 姉 姉 姉								
者								
놈 자　者 者 者 者 者 者 者 者								
作								
지을 작　作 作 作 作 作 作 作								
場								
마당 장　場 場 場 場 場 場 場 場 場 場 場 場								

赤								
붉을 적 赤 赤 赤 赤 赤 赤 赤								
田								
밭 전 田 田 田 田 田								
転								
구를 전 転 転 転 転 転 転 転 転 転 転								
店								
가게 점 店 店 店 店 店 店 店 店								
正								
바를 정 正 丁 千 正 正								
町								
밭두둑 정 町 町 町 町 町 町 町								
弟								
아우 제 弟 弟 弟 弟 弟 弟 弟								
題								
제목 제 題 題 題 題 題 題 題 題 題 題 題 題 題 題 題 題								
早								
이를 조 早 早 早 早 早 早								
朝								
아침 조 朝 朝 朝 朝 朝 朝 車 車 朝 朝 朝 朝								
鳥								
새 조 鳥 鳥 鳥 鳥 鳥 鳥 鳥 鳥 鳥 鳥 鳥								

足							
발 족　足足足足足足足							
族							
겨레 족　族族族方方方族族族族族							
終							
마칠 종　終終終終終終終終終終							
主							
주인 주　主主主主主							
注							
물댈 주　注注注注注注注							
走							
달릴 주　走走走走走走走							
住							
살 주　住住住住住住住							
週							
돌 주　週月月月月周周周週週週							
晝							
낮 주　晝晝晝晝晝晝晝晝晝							
重							
무거울 중　重重重重重重重重重							
止							
그칠 지　止止止止							

地									
땅 지	地 地 地 地 地 地								
知									
알 지	知 知 知 知 知 知 知 知								
持									
가질 지	持 持 持 持 持 持 持 持 持								
紙									
종이 지	紙 紙 紙 紙 紙 紙 紙 紙 紙 紙								
真									
참 진	真 真 真 真 真 真 真 真 真 真								
質									
바탕 질	質 質 質 質 質 質 質 質 質 質 質 質								
集									
모일 집	集 集 集 集 集 集 集 集 集 集 集 集								
借									
빌릴 차	借 借 借 借 借 借 借 借 借 借								
着									
붙을 착	着 着 着 着 着 着 着 着 着 着 着								
青									
푸를 청	青 青 青 青 青 青 青 青								
体									
몸 체	体 体 体 体 体 体 体								

秋								
가을 추 秋 秋 秋 秋 秋 秋 秋 秋 秋								
春								
봄 춘 春 春 春 夫 夫 夫 春 春 春								
親								
친할 친 親 親 親 親 親 親 親 親 親 親 親 親 親 親 親 親								
通								
통할 통 通 通 通 甬 甬 甬 甬 通 通 通								
特								
유다를 특 特 特 特 特 特 特 特 特 特 特								
品								
물건 품 品 品 品 品 品 品 品 品 品								
風								
바람 풍 風 几 凡 凡 風 風 風 風 風								
夏								
여름 하 夏 夏 丆 丆 百 百 百 頁 夏 夏								
漢								
한나라 한 漢 漢 漢 漢 漢 漢 漢 漢 漢 漢 漢 漢 漢								
海								
바다 해 海 海 海 海 海 海 海 海 海								
驗								
시험할 험 驗 驗 驗 驗 驗 驗 驗 驗 驗 驗 驗 驗 驗 驗 驗								

兄								
형 형 兄 兄 兄 兄 兄								
花								
꽃 화 花 花 花 花 花 花 花								
画								
그림 화 画 画 画 画 画 画 画 画								
会								
모을 회 会 会 会 会 会 会								
黒								
검을 흑 黒 黒 黒 黒 黒 黒 黒 黒 黒 黒 黒								

주니어 일본어 첫걸음의 결정판

다이스키
주니어
일본어
上

동양북스

주니어 일본어 첫걸음의 결정판

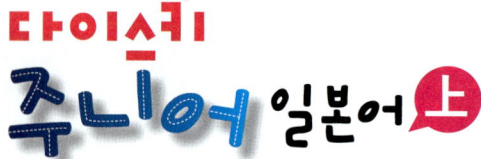

다이스키 주니어 일본어 上

초판 17쇄 | 2025년 4월 10일

지은이 | 노지영, 노민영
발행인 | 김태웅
책임 편집 | 길혜진, 이서인
디자인 | 남은혜, 김지혜
일러스트 | 윤유빈
마케팅 총괄 | 김철영
온라인 마케팅 | 신아연
제　작 | 현대순

발행처 | ㈜동양북스
등　록 | 제 2014-000055호
주　소 | 서울시 마포구 동교로 22길 14 (04030)
구입 문의 | 전화 (02)337-1737　팩스 (02)334-6624
내용 문의 | 전화 (02)337-1762　dymg98@naver.com

ISBN 978-89-8300-616-5 13730

머리말

　　일본 속담에 "好きこそものの上手なれ" 라는 말이 있습니다. 이 말은 "좋아하는 일은 열의가 생겨 잘할 수 있게 된다" 라는 의미입니다. 요즘 애니메이션이나 컴퓨터 게임, 노래 등을 통해서 일본어를 접할 기회가 많아졌습니다. 아마 그런 것들을 통해 일본어에 흥미를 가지게 된 분들도 많을 거라고 생각됩니다. 하지만 이런 흥미가 실제 일본어를 공부하면서 어느새 사라져 버려서 중도에 포기하는 분들도 많습니다. 다이스키 주니어 일본어는 여러분들이 끝까지 흥미를 잃지 않고 재미있고 쉽게 일본어를 배울 수 있었으면 하는 바람으로 만들었습니다.

　　외국어 공부를 하는 이유에 있어서 가장 큰 것은 뭐니뭐니해도 외국인과 대화하고 싶은 마음일 것입니다. 다이스키 주니어 일본어는 단순한 암기식이 아닌 문법을 쉽게 습득하고 응용하면서 자연스레 회화를 할 수 있도록 했습니다. 일본어는 우리말과 어순이 같기 때문에 문법만 확실하게 익히면 다른 외국어보다는 훨씬 쉽게 말을 할 수 있습니다. 그렇다고 문법을 달달 암기할 필요는 없습니다. 여러 단어를 집어넣어 반복해서 학습하다 보면 자신도 모르게 어느샌가 일본어로 말을 하고 있을 것입니다.

　　이 교재를 통하여 일본어를 쉽고 재미있게 공부하면서 문법을 체계적으로 습득하고, 일상회화에 활용할 수 있는 말하기 능력과 듣기 능력을 향상시킬 수 있기를 바랍니다.

　　끝으로 다이스키 주니어 일본어를 집필할 수 있게 많은 도움을 주신 동양북스 관계자 여러분께 깊은 감사를 드리며, 마지막까지 지켜주신 하나님께 영광을 돌립니다.

지은이　노지영, 노민영

차례

CONTENTS

일러두기

학습포인트

각 과의 주제와 관련된 핵심 문장들로, 학습에 들어가기 전에 한 과에 대한 내용을 미리 엿볼 수 있습니다.

외워보자!

각 과에서 등장하는 주요 낱말들을 그림으로 표현하여 쉽고 재미있게 일본어를 익힐 수 있습니다.

읽어보자!

가장 기초적인 인사말부터 여러 주제의 회화들을 쉽고, 짧게 구성하여 일본어 학습에 대한 부담을 줄였습니다.

정리해보자!

회화에서 등장한 문법과 문형을 알기 쉽게 설명하여 일본어에 대한 이해를 높이고 중요 표현들을 익힐 수 있습니다.

말해보자!

앞에서 배웠던 중요 문법과 문형을 말하기 연습을 통해 응용해 보며 회화 실력을 다지는 페이지입니다.

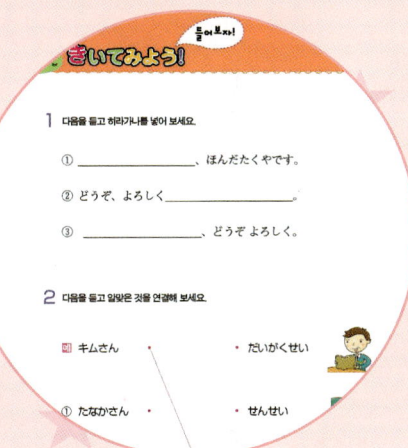

들어보자!

리스닝 CD 속의 일본인 성우의 발음과 대화를 유의하여 듣고 문제를 풀어 보는 페이지로, 듣기 실력을 높일 수 있습니다.

확인하자! / 잘했나요?

앞에서 배운 내용들을 쓰기 문제로 풀어 보며 마지막으로 확인하고, 복습할 수 있습니다.

한 과의 학습에 대해 자기 스스로 평가해 보는 페이지입니다.

알아두자! / 놀아보자! / 노래하자!

쉬어가기 코너로, 일본 문화에 대해 알아보고 게임과 노래를 통해 재미있게 일본어를 공부할 수 있습니다.

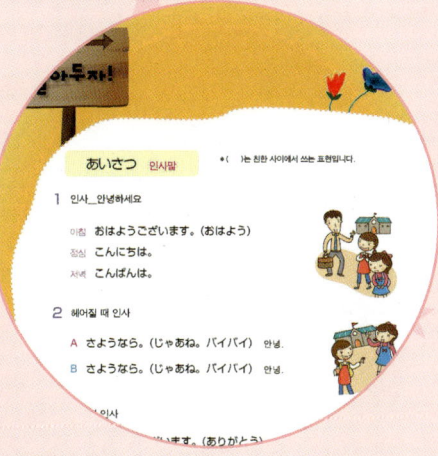

히라가나

	あ단	い단	う단	え단	お단
あ행	あ  あい 사랑	い  いえ 집	う  うえ 위	え  え 그림	お  おう 왕
か행	か  かい 조개	き  かき 감	く  きく 국화	け  いけ 연못	こ  こい 잉어
さ행	さ  あさ 아침	し しか 사슴	す すし 초밥	せ あせ 땀	そ  うそ 거짓말
た행	た  たこ 문어	ち  ち 피	つ  くつ 구두, 신발	て  ちかてつ 지하철	と  とけい 시계
な행	な  なし 배	に  かに 게	ぬ  いぬ 개	ね  ねこ 고양이	の  きのこ 버섯

あ단	い단	う단	え단	お단	
は  はな 꽃	ひ  ひこうき 비행기	ふ  ふね 배	へ へそ 배꼽	ほ ほし 별	は행
ま  うま 말	み  うみ 바다	む  むし 벌레	め  あめ 비	も  くも 구름	ま행
や  やま 산		ゆ  ゆき 눈		よ  ひよこ 병아리	や행
ら そら 하늘	り りす 다람쥐	る くるま 자동차	れ  れつ 줄	ろ ろうそく 양초	ら행
わ  わに 악어		を		ん  みかん 귤	わ행

가타카나

	ア단	イ단	ウ단	エ단	オ단
ア행	ア **アイロン** 다리미	イ **アイスクリーム** 아이스크림	ウ **ウインク** 윙크	エ **エアコン** 에어컨	オ **オレンジ** 오렌지
カ행	カ **カメラ** 카메라	キ **スキー** 스키	ク **クリスマス** 크리스마스	ケ **ケーキ** 케이크	コ **コアラ** 코알라
サ행	サ **サーカス** 서커스	シ **シーソー** 시소	ス **バス** 버스	セ **セーター** 스웨터	ソ **ソウル** 서울
タ행	タ **タオル** 타월	チ **チキン** 치킨	ツ **ツアー** 투어	テ **テレビ** 텔레비전	ト **トマト** 토마토
ナ행	ナ **バナナ** 바나나	ニ **テニス** 테니스	ヌ **カヌー** 카누	ネ **ネクタイ** 넥타이	ノ **ノート** 노트

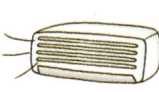

 Track 03

ア단	イ단	ウ단	エ단	オ단	
ハ  **ハーモニカ** 하모니카	ヒ  **コーヒー** 커피	フ  **フラフープ** 훌라후프	ヘ  **ヘリコプター** 헬리콥터	ホ  **ホテル** 호텔	ハ행
マ  **マイク** 마이크	ミ  **ミルク** 우유	ム  **ハム** 햄	メ  **メロン** 메론	モ  **メモ** 메모	マ행
ヤ  **タイヤ** 타이어		ユ  **ユニホーム** 유니폼		ヨ  **ヨーグルト** 요구르트	ヤ행
ラ  **ライオン** 사자	リ **リボン** 리본	ル **ルーム** 룸	レ **レモン** 레몬	ロ  **ロボット** 로봇	ラ행
ワ **ワイン** 와인		ヲ		ン  **パソコン** 퍼스널 컴퓨터	ワ행

오십음도(五十音図)

●● 히라가나 [ひらがな]

	あ행	か행	さ행	た행	な행	は행	ま행	や행	ら행	わ행	
あ단	あ [a]	か [ka]	さ [sa]	た [ta]	な [na]	は [ha]	ま [ma]	や [ya]	ら [ra]	わ [wa]	ん [n]
い단	い [i]	き [ki]	し [si]	ち [chi]	に [ni]	ひ [hi]	み [mi]		り [ri]		
う단	う [u]	く [ku]	す [su]	つ [tsu]	ぬ [nu]	ふ [hu]	む [mu]	ゆ [yu]	る [ru]		
え단	え [e]	け [ke]	せ [se]	て [te]	ね [ne]	へ [he]	め [me]		れ [re]		
お단	お [o]	こ [ko]	そ [so]	と [to]	の [no]	ほ [ho]	も [mo]	よ [yo]	ろ [ro]	を [o]	

●● 가타카나 [カタカナ]

	ア행	カ행	サ행	タ행	ナ행	ハ행	マ행	ヤ행	ラ행	ワ행	
ア단	ア [a]	カ [ka]	サ [sa]	タ [ta]	ナ [na]	ハ [ha]	マ [ma]	ヤ [ya]	ラ [ra]	ワ [wa]	ン [n]
イ단	イ [i]	キ [ki]	シ [si]	チ [chi]	ニ [ni]	ヒ [hi]	ミ [mi]		リ [ri]		
ウ단	ウ [u]	ク [ku]	ス [su]	ツ [tsu]	ヌ [nu]	フ [hu]	ム [mu]	ユ [yu]	ル [ru]		
エ단	エ [e]	ケ [ke]	セ [se]	テ [te]	ネ [ne]	ヘ [he]	メ [me]		レ [re]		
オ단	オ [o]	コ [ko]	ソ [so]	ト [to]	ノ [no]	ホ [ho]	モ [mo]	ヨ [yo]	ロ [ro]	ヲ [o]	

행行 왼쪽의 표에서 세로줄을 행(行)이라고 부르며, 각 행의 첫글자를 따서 「○행」 이라고 합니다. 예를 들어 「か행」은 「か・き・く・け・こ」를 뜻합니다.

단段 50음도에서 가로줄을 단(段)이라 부르며, 이것 역시 그 줄의 첫글자를 따서 「○ 단」이라고 합니다. 단은 「あ단」・「い단」・「う단」・「え단」・「お단」의 5가지 가 있으며, 「あ단」의 의미는 그 단에 속해 있는 모든 글자가 「아」모음으로 발 음되는 것을 뜻합니다.

●● 탁음[濁音]

	が행	ざ행	だ행	ば행
あ단	が [ga]	ざ [za]	だ [da]	ば [ba]
い단	ぎ [gi]	じ [zi]	ぢ [zi]	び [bi]
う단	ぐ [gu]	ず [zu]	づ [zu]	ぶ [bu]
え단	げ [ge]	ぜ [ze]	で [de]	べ [be]
お단	ご [go]	ぞ [zo]	ど [do]	ぼ [bo]

●● 반탁음[半濁音]

	ぱ행
あ단	ぱ [pa]
い단	ぴ [pi]
う단	ぷ [pu]
え단	ぺ [pe]
お단	ぽ [po]

●● 요음[拗音]

きゃ kya	しゃ sya	ちゃ cha	にゃ nya	ひゃ hya	みゃ mya	りゃ rya	ぎゃ gya	じゃ zya	びゃ bya	ぴゃ pya
きゅ kyu	しゅ syu	ちゅ chu	にゅ nyu	ひゅ hyu	みゅ myu	りゅ ryu	ぎゅ gyu	じゅ zyu	びゅ byu	ぴゅ pyu
きょ kyo	しょ syo	ちょ cho	にょ nyo	ひょ hyo	みょ myo	りょ ryo	ぎょ gyo	じょ zyo	びょ byo	ぴょ pyo

 **청음**(清音)

청음이란 탁점 「゛」 또는 반탁점 「 ゜」 이 없는 글자를 말합니다.

あ・ア행　우리말 「아·이·우·에·오」와 비슷하지만 「う」는 입술을 둥글게 하지
않고 내는 소리로 한글 「으」와 「우」의 중간 발음에 가깝습니다.

あ [a]	い [i]	う [u]	え [e]	お [o]
あい	いえ	うえ	え	おう
사랑	집	위	그림	왕

ア [a]	イ [i]	ウ [u]	エ [e]	オ [o]
アイロン	アイスクリーム	ウインク	エアコン	オレンジ
다리미	아이스크림	윙크	에어컨	오렌지

か・カ행 첫소리에 오면 우리말 「ㄱ」과 「ㅋ」의 중간음이 되고, 단어의 중간이나 끝에 오면 우리말 「ㄲ」에 가깝게 발음합니다.

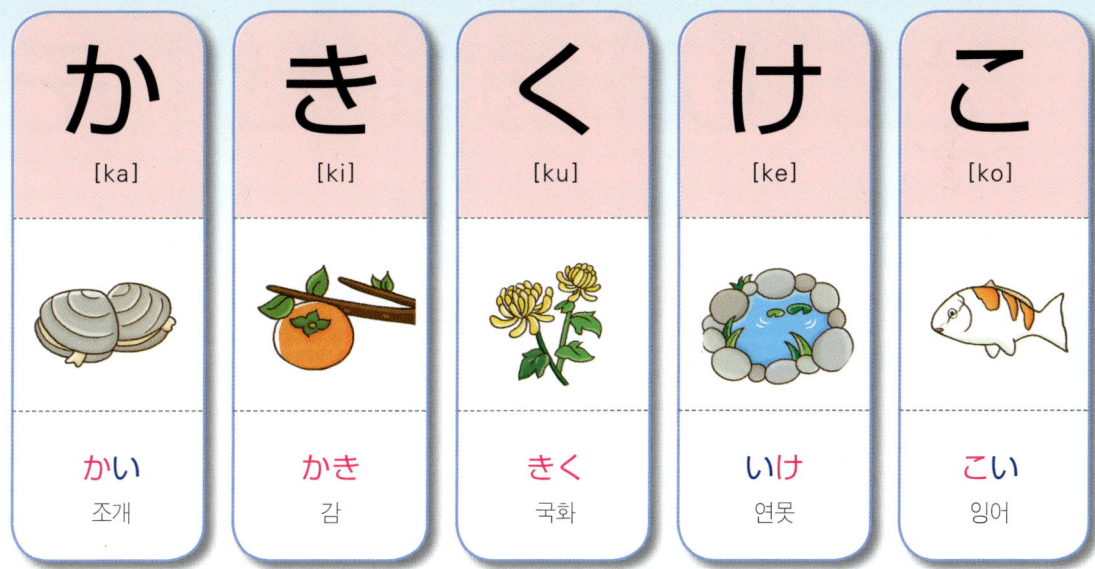

か [ka]	き [ki]	く [ku]	け [ke]	こ [ko]
かい 조개	かき 감	きく 국화	いけ 연못	こい 잉어

カ [ka]	キ [ki]	ク [ku]	ケ [ke]	コ [ko]
カメラ 카메라	スキー 스키	クリスマス 크리스마스	ケーキ 케이크	コアラ 코알라

우리말 「사·시·스·세·소」와 같으나, 「す」는 한글 「스」와 「수」의 중간 발음으로, 단어 끝에 오면 「스」에 가깝게 발음됩니다.

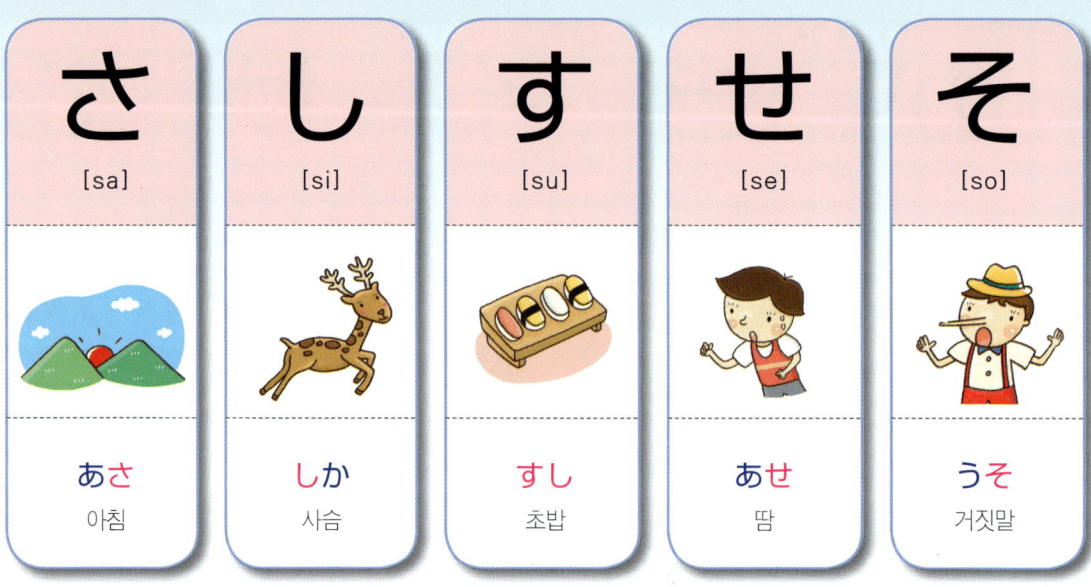

さ [sa]	し [si]	す [su]	せ [se]	そ [so]
あさ 아침	しか 사슴	すし 초밥	あせ 땀	うそ 거짓말

サ [sa]	シ [si]	ス [su]	セ [se]	ソ [so]
サーカス 서커스	シーソー 시소	バス 버스	セーター 스웨터	ソウル 서울

첫소리에 올 때는 「타·치·츠·테·토」에 가깝게, 단어의 중간이나
끝에 올 때는 「따·찌·쯔·떼·또」에 가깝게 발음됩니다.

た [ta]	ち [chi]	つ [tsu]	て [te]	と [to]
たこ 문어	ち 피	くつ 구두, 신발	ちかてつ 지하철	とけい 시계

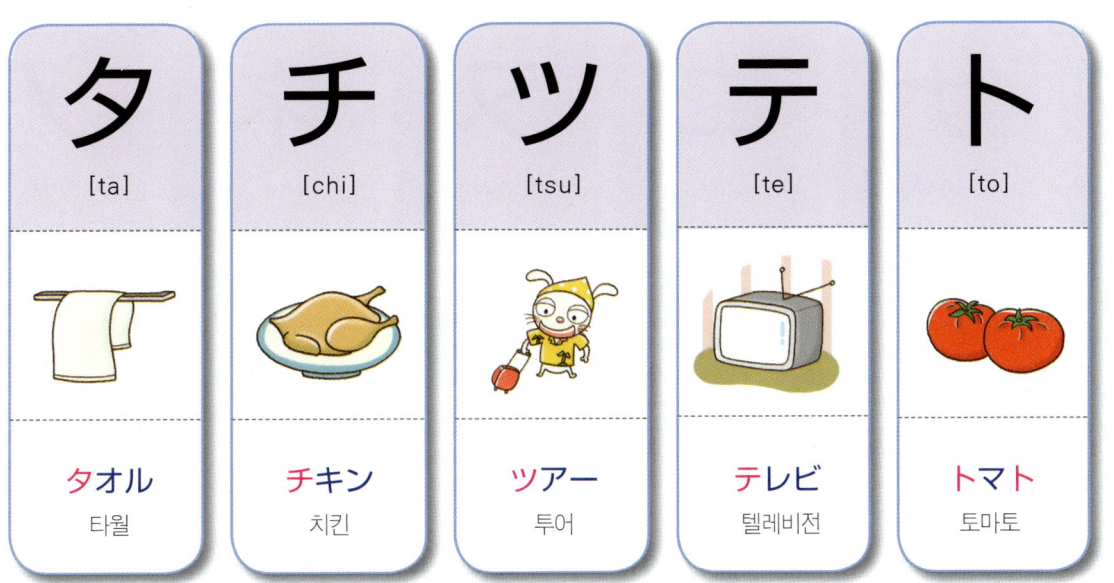

タ [ta]	チ [chi]	ツ [tsu]	テ [te]	ト [to]
タオル 타월	チキン 치킨	ツアー 투어	テレビ 텔레비전	トマト 토마토

우리말 「나·니·누·네·노」와 같은 발음입니다. 단, 「ぬ」는 우리말 「느」와 「누」의 중간음으로 발음합니다.

な [na]	に [ni]	ぬ [nu]	ね [ne]	の [no]
なし 배	かに 게	いぬ 개	ねこ 고양이	きのこ 버섯

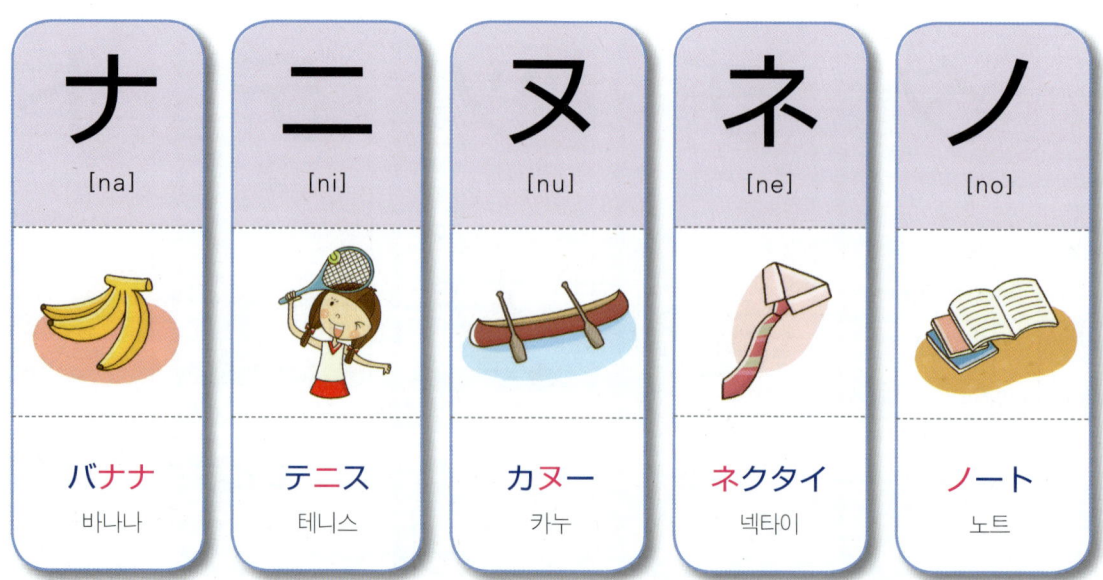

ナ [na]	ニ [ni]	ヌ [nu]	ネ [ne]	ノ [no]
バナナ 바나나	テニス 테니스	カヌー 카누	ネクタイ 넥타이	ノート 노트

우리말 「하, 히, 후, 헤, 호」과 같은 발음입니다. 단, 「ふ」는 우리말 「흐」와 「후」의 중간음이므로 발음에 유의해야 합니다.

は [ha]	ひ [hi]	ふ [hu]	へ [he]	ほ [ho]
はな	ひこうき	ふね	へそ	ほし
꽃	비행기	배	배꼽	별

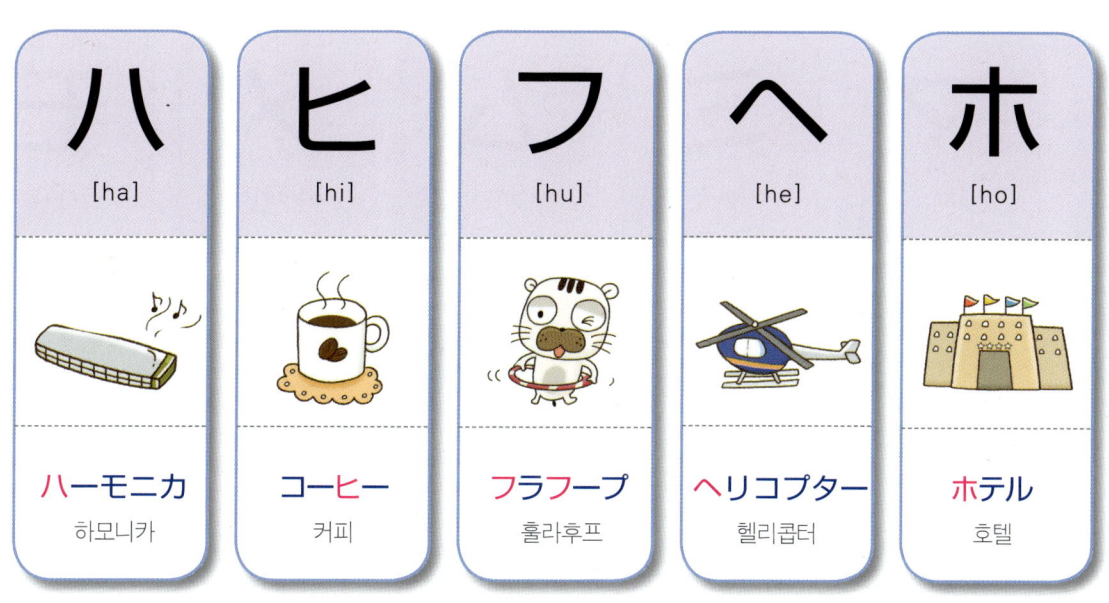

ハ [ha]	ヒ [hi]	フ [hu]	ヘ [he]	ホ [ho]
ハーモニカ	コーヒー	フラフープ	ヘリコプター	ホテル
하모니카	커피	훌라후프	헬리콥터	호텔

ま・マ행 우리말 「마·미·무·메·모」와 거의 동일한 발음입니다. 단, 「む」는 「므」와 「무」의 중간 발음이므로 주의해야 합니다.

ま [ma]	み [mi]	む [mu]	め [me]	も [mo]
うま	うみ	むし	あめ	くも
말	바다	벌레	비	구름

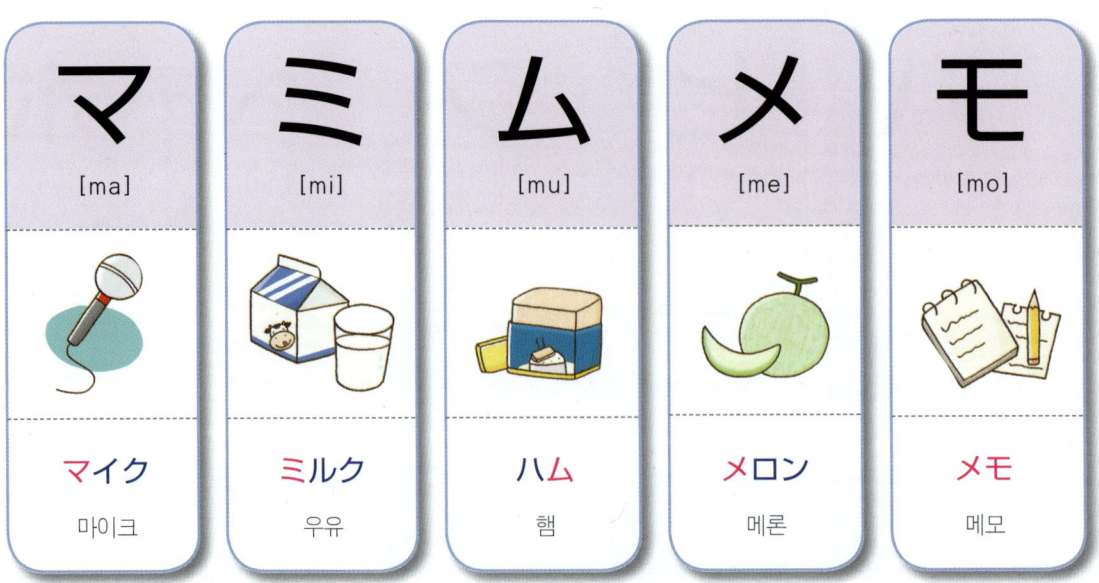

マ [ma]	ミ [mi]	ム [mu]	メ [me]	モ [mo]
マイク	ミルク	ハム	メロン	メモ
마이크	우유	햄	메론	메모

や・ヤ행 우리말 「야・유・요」와 발음이 같습니다. 단, 「ゆ」는 입술이 둥글게 되지 않도록 유의해야 합니다. 「や행」을 일본어에서는 반모음이라 합니다.

や [ya]	ゆ [yu]	よ [yo]

やま 산	ゆき 눈	ひよこ 병아리

ヤ [ya]	ユ [yu]	ヨ [yo]
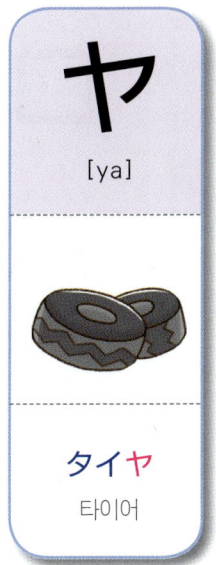		
タイヤ 타이어	ユニホームー 유니폼	ヨーグルト 요구르트

ら·ラ행 우리말 「라·리·루·레·로」와 동일한 발음입니다. 단, 「る」는 입술이 둥글게 되지 않도록 유의해야 합니다.

ら [ra]	り [ri]	る [ru]	れ [re]	ろ [ro]
そら	りす	くるま	れつ	ろうそく
하늘	다람쥐	자동차	줄	양초

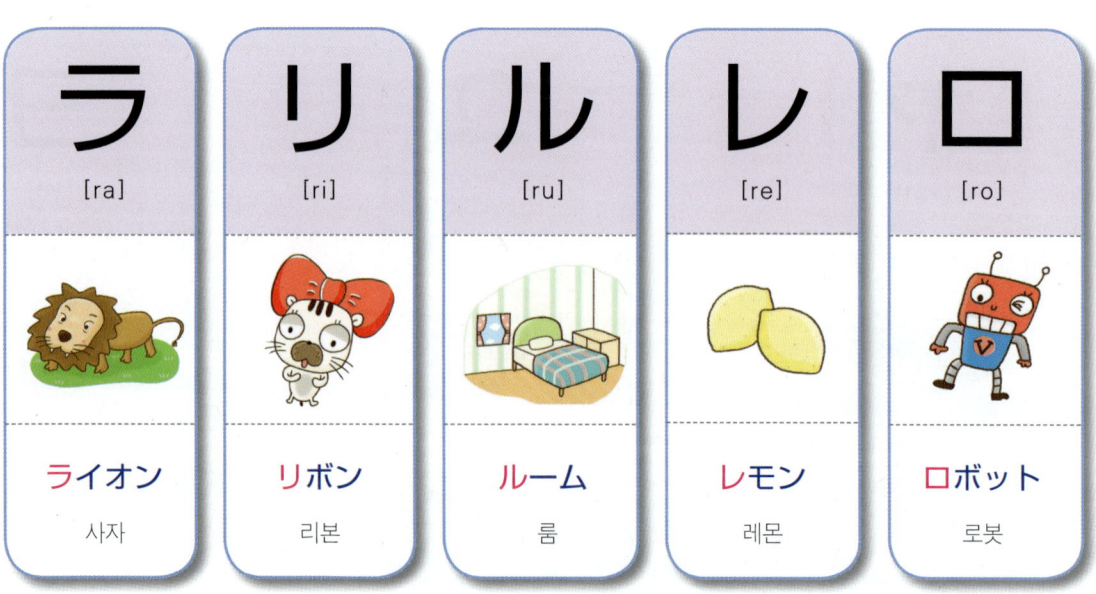

ラ [ra]	リ [ri]	ル [ru]	レ [re]	ロ [ro]
ライオン	リボン	ルーム	レモン	ロボット
사자	리본	룸	레몬	로봇

「わ」는 우리말 「와」와 거의 발음이 비슷하며, 「を」는 「あ행」의 「お」와 발음은
같지만 조사로만 쓰인다는 특징이 있습니다.

ん・ン
「ん」은 우리말의 받침과 같은 쓰임으로 뒤에 오는 글자에 따라서 「ㅁ·ㄴ·ㅇ」
등으로 발음됩니다.

わ
[wa]

わに
악어

を
[o]

~을/를

ん
[n]

みかん
귤

ワ
[wa]

ワイン
와인

ヲ
[o]

~을/를

ン
[n]

パソコン
퍼스널 컴퓨터

 탁음 (濁音)
반탁음 (半濁音)

탁음이란 탁점 「˚」이 붙은 글자를 말하며,
반탁음이란 반탁점 부호 「 ˚ 」가 붙은 글자를 말합니다.  Track 04

が행 「が행」의 자음 발음은 영어의 [g]와 같습니다.

が	ぎ	ぐ	げ	ご
[ga]	[gi]	[gu]	[ge]	[go]

· **が**か　화가　　　　　　　· か**ぎ**　열쇠

· か**ぐ**　가구　　　　　　　· か**げ**　그늘, 그림자

· あ**ご**　턱

ざ행 「ざ행」의 자음 발음은 우리말에 없는 음으로 「さ・し・す・せ・そ」 발음
의 입모양 그대로에 성대를 울려서 내는 발음입니다.

ざ	じ	ず	ぜ	ぞ
[za]	[zi]	[zu]	[ze]	[zo]

· ひ**ざ**　무릎　　　　　　　· **じ**かん　시간

· か**ず**　수, 숫자　　　　　· か**ぜ**　바람

· **ぞ**う　코끼리

だ행 「だ행」의 「だ・で・ど」의 자음 발음은 영어의 [d]와 동일합니다.

だ	ぢ	づ	で	ど
[da]	[zi]	[zu]	[de]	[do]

- だれ 누구
- つづき 연결, 계속
- まど 창문
- はなぢ 코피
- そで 소매

ば행 「ば행」의 자음 발음은 우리말의 「바・비・부・베・보」로 나타내기는 하지만, 우리말과는 달리 성대를 울려 내는 소리입니다.

ば	び	ぶ	べ	ぼ
[ba]	[bi]	[bu]	[be]	[bo]

- ばら 장미
- ぶた 돼지
- ぼうし 모자
- へび 뱀
- かべ 벽

ぱ행 「ぱ행」의 자음 발음은 영어의 [p]와 우리말 「ㅍ」의 중간음입니다.

ぱ	ぴ	ぷ	ぺ	ぽ
[pa]	[pi]	[pu]	[pe]	[po]

- パスポート 여권
- プリンター 프린터
- たんぽぽ 민들레
- ピアノ 피아노
- ほっぺた 뺨

요음·촉음·장음·발음

1 요음(拗音)

반모음 「や・ゆ・よ」가 다른 글자와 함께 쓰여 한 글자처럼 발음하는 경우를 요음이라고 합니다. 단, 요음에서의 반모음 「や・ゆ・よ」는 글자의 오른쪽 밑에 작게 쓰며 오직 「い단」 모음이 들어 있는 글자와 함께 사용됩니다.

おきゃくさん 손님　　　　しゃかい 사회

しゅみ 취미　　　　　　ちゅうしゃ 주차

きょり 거리　　　　　　じしょ 사전

2 촉음(促音)

촉음은 우리말의 받침과 같은 역할을 하는 것으로, 「つ」자를 글자의 오른쪽 밑에 작게 써서 나타냅니다. 단, 발음은 바로 뒷글자의 영향을 받아 달라집니다.

❶ 'ㄱ' 받침이 되는 경우 : 촉음 뒤에 「か・き・く・け・こ」 등의 글자가 올 때

いっかい 일층　　　　　きっかけ 계기

がっき 악기　　　　　　いっこ 한 개

❷ 'ㅂ' 받침이 되는 경우 : 촉음 뒤에 「ぱ・ぴ・ぷ・ぺ・ぽ」 등의 글자가 올 때

いっぱい 한 잔　　　　　いっぴき 한 마리

きっぷ 표　　　　　　　しっぽ 꼬리

❸ 'ㅅ' 받침이 되는 경우 : 촉음 뒤에 「さ・し・す・せ・そ」, 「た・ち・つ・て・と」 등의 글자가 올 때

いっさい 한 살　　　　　ざっし 잡지

さっそく 곧, 즉시　　　　きって 우표

3 장음(長音)

어떤 특정한 글자를 길게 끌어 발음하는 규칙입니다.

❶ 「あ단」 글자 뒤에 오는 「あ」는 앞글자가 장음임을 나타냅니다.

おば**あ**さん 할머니　　　　おか**あ**さん 어머니

❷ 「い단」 글자 뒤에 오는 「い」는 앞글자가 장음임을 나타냅니다.

お**にい**さん 형, 오빠　　　お**じい**さん 할아버지

❸ 「う단」 글자 뒤에 오는 「う」는 앞글자가 장음임을 나타냅니다.

くうき 공기　　　　　**すう**がく 수학

❹ 「え단」 글자 뒤에 오는 「え」는 앞글자가 장음임을 나타냅니다.

お**ねえ**さん 누나, 언니

한자어에서는 「え단」 글자 뒤에 「い」를 써서 장음을 나타내는데 이 때의 「い」는 장음 표기이므로 앞글자만 길게 발음하고 「い」는 발음하지 않습니다.

せん**せい** 선생님　　　　**えい**が 영화

❺ 「お단」 글자 뒤에 오는 「お」, 「う」는 앞글자가 장음임을 나타냅니다.

どうろ 도로　　　　　　**とお**り 길

お**とう**さん 아버지　　　お**とう**と 남동생

❻ 가타카나의 장음은 「ー」 로 나타냅니다.

シリーズ 시리즈　　　　**サービス** 서비스

요음·촉음·장음·발음

4 발음(撥音)

일본어의 「ん」은 우리말의 받침과 같은 역할을 하는데, 뒤에 오는 글자에 따라 발음이 달라집니다.

① 'ㄴ' 받침이 되는 경우

「ん」 뒤에 「さ행·ざ행·た행·だ행·な행·ら행」의 글자가 올 때

けんさ 검사 せんたく 세탁

もんだい 문제 おんな 여자

② 'ㅁ' 받침이 되는 경우

「ん」 뒤에 「ま행·ば행·ぱ행」의 글자가 올 때

さんま 꽁치 しんぶん 신문

えんぴつ 연필 さんぽ 산책

③ 'ㅇ' 받침이 되는 경우

「ん」 뒤에 「あ행·か행·が행·や행·わ행」의 글자가 올 때

れんあい 연애 けんがく 견학

りんご 사과 でんわ 전화

본문

01

はじめまして。

처음 뵙겠습니다.

학습 포인트

처음 만난 사람과 인사해 보아요.

はじめまして、ほんだ たくやです。

ユミさんは こうこうせいですか。

いいえ、こうこうせいじゃありません。

わたし
나

せんせい
선생님

ともだち
친구

しょうがくせい
초등학생

ちゅうがくせい
중학생

こうこうせい
고등학생

だいがくせい
대학생

かんこくじん
한국인

にほんじん
일본인

♥ 다쿠야와 유미가 처음 만나 인사하고 있어요.

たくや　はじめまして、ぼくは ほんだ たくやです。

ユミ　　はじめまして、わたしは イ ユミです。
　　　　どうぞ、よろしく おねがいします。

たくや　こちらこそ、どうぞ よろしく。
　　　　ユミさんは こうこうせいですか。

ユミ　　いいえ、こうこうせいじゃ ありません。
　　　　ちゅうがくせいです。たくやくんは？

たくや　ぼくも ちゅうがくせいです。

はじめまして 처음 뵙겠습니다	よろしく 잘	いいえ 아니요
ぼく 나, 저(남자 말)	おねがいします 부탁합니다	〜じゃ ありません
〜は ~은(는)	こちらこそ 저야말로	~가(이) 아닙니다
〜です ~입니다	〜さん ~씨	ちゅうがくせい 중학생
わたし 나, 저	こうこうせい 고등학생	〜くん ~군
どうぞ 아무쪼록	〜ですか ~입니까	〜も ~도

まとめよう!

01 | はじめまして。 처음 뵙겠습니다.

처음 만났을 때 하는 인사말. '아무쪼록 잘 부탁합니다'라는 의미인 どうぞ、よろ
しく おねがいします라는 표현과 함께 쓰입니다.

02 | ぼく ／ わたし 나, 저

ぼく는 남자들만 사용하는 말이고, わたし는 남녀 구별 없이 사용할 수 있습니다.
ぼく 보다는 わたし가 더 정중한 표현입니다. あなた는 '당신'이라는 의미로, 상대
방의 이름을 모를 때 사용할 수도 있지만, 윗사람에게 쓰면 실례가 되므로 주의해야
합니다.

03 | ～は～です。 ～은(는) ～입니다.

は는 단어에 쓰일 때는 'ha'라고 발음하지만, '～은(는)'이라는 조사로 쓰일 때는 'wa'
라고 발음합니다.

04 | こちらこそ、どうぞ よろしく。 저야말로 잘 부탁합니다.

こちら는 '이쪽'이라는 뜻인데 여기서는 '저'라는 의미로 사용되었습니다.
どうぞ よろしく는 뒤에 おねがいします가 생략된 표현입니다.

05 | 명사

반말

반말은 단어의 기본형을 쓰면 되고, 질문의 경우 끝을 올려서 발음합니다.
부정문는 명사 뒤에 じゃない를 붙이면 됩니다.

> **ex** がくせい?↗   학생이니?
>
> うん、がくせい。   응, 학생이야.
>
> ううん、がくせいじゃない。   아니, 학생이 아냐.

정중어

정중어는 반말에 '~입니다'라는 의미인 です를 붙입니다. 의문문의 경우에는 です
뒤에 か를 붙이면 됩니다. 단, か로 끝나는 의문문에는 물음표[?]를 붙이지 않습니
다. 부정형은 じゃないです 대신에 じゃありません도 쓸 수 있습니다. 정중하게
말하고 싶을 때는 じゃ 대신에 では를 쓰면 됩니다.

> **ex** がくせいですか。   학생입니까?
>
> はい、がくせいです。   네, 학생입니다.
>
> いいえ、がくせいじゃないです。   아니요, 학생이 아닙니다.
>
> いいえ、がくせいじゃありません。
>
> いいえ、がくせいではありません。

06 | ~さん ~씨, ~님

さん은 남을 부를 때 상대방의 이름 뒤에 붙여 쓰는 표현인데, 자신의 이름에는 붙
이지 않습니다. 더 정중한 표현으로는 さま가 있으며, 친한 친구를 부를 때는 くん
이나 ちゃん을 쓰기도 합니다. くん은 주로 남자에게 많이 쓰며, ちゃん은 어렸
을 때부터 알고 지냈거나 친한 사람에게 씁니다.

1 보기와 같이 이야기해 보세요.

보기

A　はじめまして、ほんだ たくやです。

B　はじめまして、イ ユミです。

　　どうぞ、よろしく おねがいします。

A　こちらこそ、どうぞ よろしく。

❶

パク ジンス／すずき さくら

❷

なかむら つよし／カン ミナ

❸

본인의 이름／짝꿍 이름

2 보기와 같이 이야기해 보세요.

A　がくせい？

B1　うん、がくせい。

B2　ううん、がくせいじゃない。

A　がくせいですか。

B1　はい、がくせいです。

B2　いいえ、がくせいじゃないです。

　　いいえ、がくせいじゃありません。

❶
ちゅうがくせい

❷
ともだち

❸
せんせい

❹
かんこくじん

| がくせい 학생 | ともだち 친구 | かんこくじん 한국인 |
| ちゅうがくせい 중학생 | せんせい 선생님 | |

3 보기와 같이 이야기해 보세요.

보기

A　あなたは、せんせいですか。

B　いいえ、せんせいじゃありません。
　　がくせいです。

❶

あなた／かんこくじん／にほんじん

❷

キムさん／ちゅうがくせい／しょうがくせい

❸

すずきさん／だいがくせい／こうこうせい

| あなた 당신 | しょうがくせい 초등학생 | こうこうせい 고등학생 |
| にほんじん 일본인 | だいがくせい 대학생 | |

40

#

きいてみよう!

들어보자!

1 다음을 듣고 히라가나를 넣어 보세요.

① _____、ほんだ たくやです。

② どうぞ、よろしく_____。

③ _____、どうぞ よろしく。

2 다음을 듣고 알맞은 것을 연결해 보세요.

예 キムさん　・　　　　　　・ だいがくせい

① たなかさん　・　　　　　・ せんせい

② パクさん　・　　　　　　・ こうこうせい

③ なかむらさん　・　　　　・ ちゅうがくせい

1 다음 빈 칸에 들어갈 히라가나를 넣어 보세요.

と		だ	ち

か	ん		く	じ

せ		せ	

2 다음 문장을 완성하세요.

① A はじめまして、ほんだ たくやです。

　 B はじめまして、イ ユミです。

　　 どうぞ、＿＿＿ ＿＿＿ ＿＿＿ ＿＿＿ おねがいします。

② A あなたは がくせいですか。

　 B いいえ、がくせい＿＿＿ ＿＿＿ ＿＿＿ ＿＿＿ ＿＿＿ ＿＿＿ ＿＿＿。

잘했나요?

よくできましたか

♥ 한 과를 끝낸 후, 학습에 대해 자기 스스로 평가해 보세요.

항목	질문	よく できました	まあ まあです	もっと がんばろう
낱말	필요한 낱말은 모두 외웠나요?			
읽기	본문 해석이 잘됐나요?			
문법	문법 설명을 이해했나요?			
말하기	막힘없이 대화를 잘했나요?			
듣기	듣고 잘 이해했나요?			
쓰기	틀리지 않고 모두 썼나요?			

알아두자!

Track 10

あいさつ 인사말

＊（　）는 친한 사이에서 쓰는 표현입니다.

1 인사__안녕하세요

아침　おはようございます。（おはよう）

점심　こんにちは。

저녁　こんばんは。

2 헤어질 때 인사

A　さようなら。（じゃあね。バイバイ）　안녕.

B　さようなら。（じゃあね。バイバイ）　안녕.

3 감사의 인사

A　ありがとうございます。（ありがとう）고맙습니다.

B　いいえ、どういたしまして。아니오, 천만에요.

4 사과의 인사

A　すみません。（ごめん）죄송합니다.

B　だいじょうぶです。（だいじょうぶ）괜찮아요.

5 방문할 때 인사

    A いらっしゃい。 어서 오세요.

    B おじゃまします。 실례합니다.

6 식사할 때 인사

    먹기 전에   **いただきます。** 잘 먹겠습니다.

    먹고 나서   **ごちそうさまでした。** 잘 먹었습니다.

7 외출할 때 인사

    A いってきます。 다녀오겠습니다.

    B いって(い)らっしゃい。 다녀오세요. (다녀와)

8 귀가할 때 인사

    A ただいま。 다녀왔습니다.

    B おかえりなさい。 다녀오셨어요. (어서와)

あれは なんですか。

저것은 무엇입니까?

학습 포인트

사물의 명칭을 묻고 대답해 보아요.

あれは なんですか。

これは きょうかしょじゃ ありません。

だれの とけいですか。

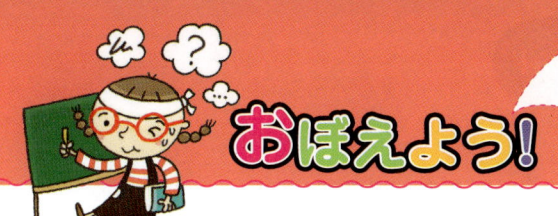

おぼえよう!

외워보자!

Track 11

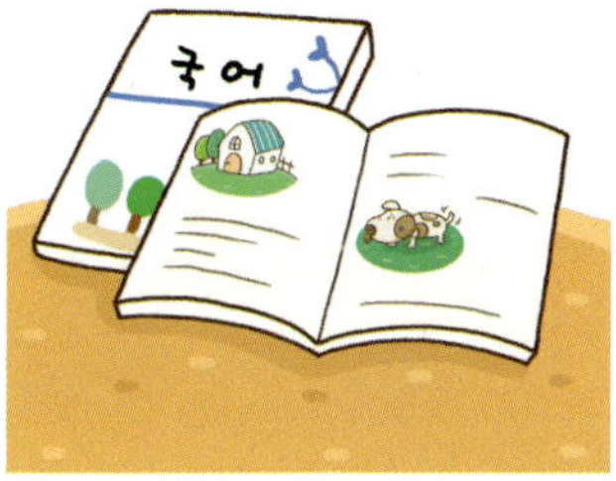

きょうかしょ
교과서

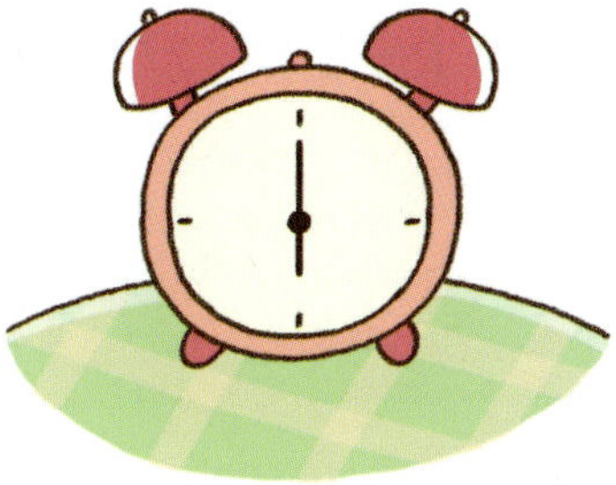

とけい
시계

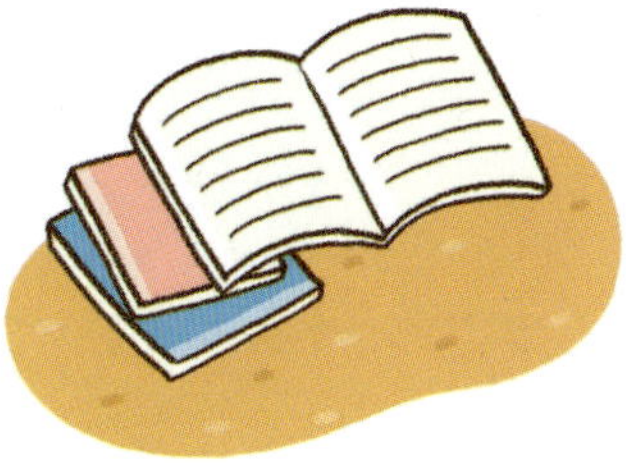

ノート
노트

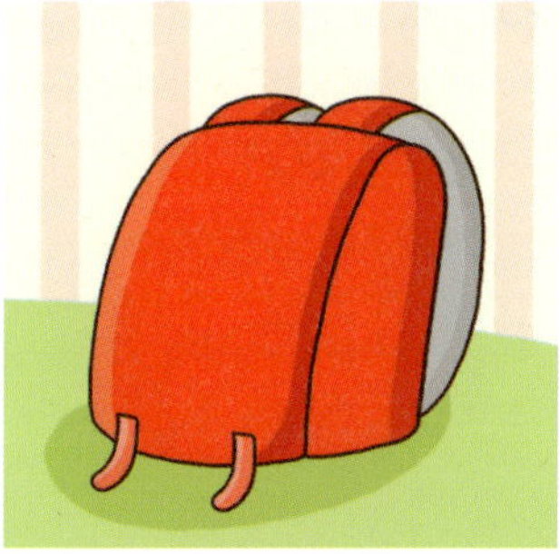

かばん
가방

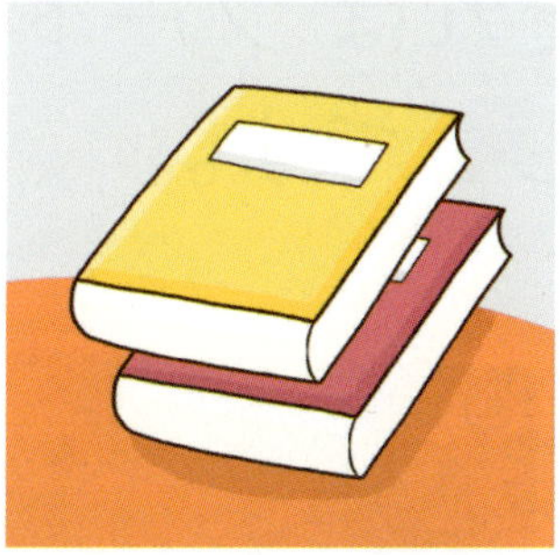

ほん
책

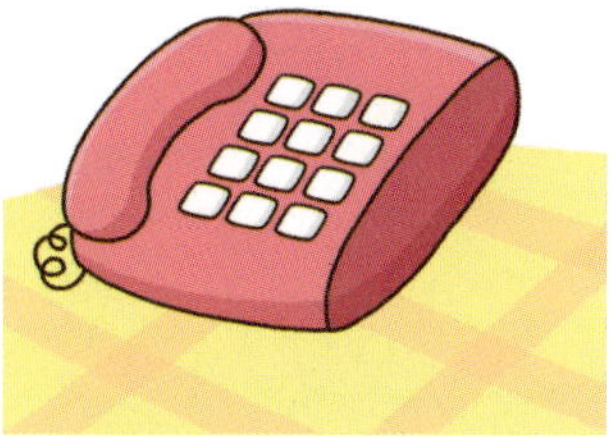

でんわ
전화

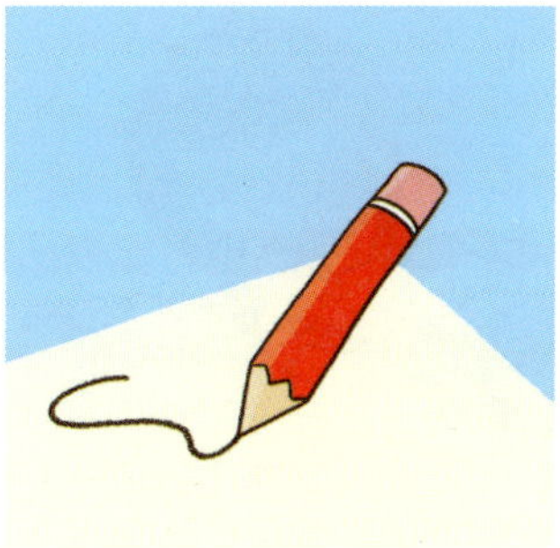

えんぴつ
연필

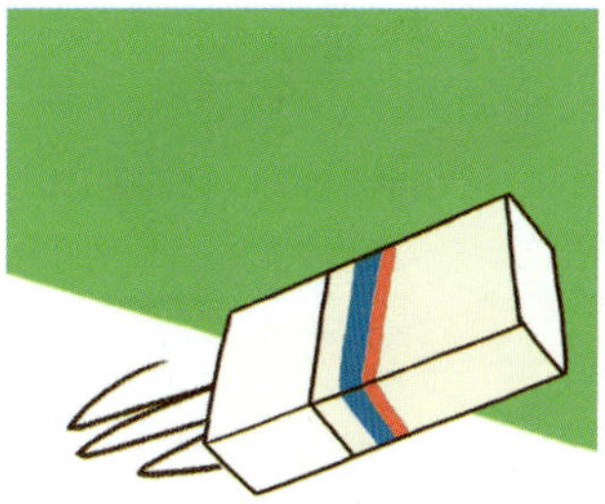

けしゴム
지우개

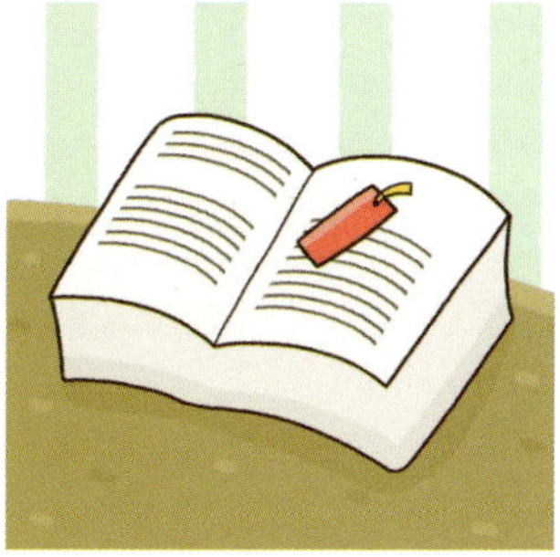

じしょ
사전

よんでみよう！

Track 12

♥ 다쿠야와 유미가 교실에서 이야기하고 있어요.

たくや　　それは ノートですか。

ユミ　　　はい、そうです。

たくや　　これも ノートですか。

ユミ　　　いいえ、それは ノートじゃありません。
　　　　　きょうかしょです。

たくや　　じゃ、あれは なんですか。

ユミ　　　あれは とけいです。

たくや　　だれの とけいですか。

ユミ　　　せんせいのです。

それ 그것	～も ~도	なんですか 무엇입니까
～は ~은(는)	いいえ 아니요	とけい 시계
ノート 노트	～じゃありません	だれ 누구
～ですか ~입니까	~가(이) 아닙니다	の ~의, ~의 것
はい 네	きょうかしょ 교과서	せんせい 선생님
そうです 그렇습니다	じゃ 그럼	
これ 이것	あれ 저것	

정리해보자!

まとめよう!

01 | それは ノートですか。   그것은 노트입니까?

사물을 나타내는 지시어

자신에게 가까운 것은 これ, 상대방에게 가까운 것은 それ, 두 사람 모두에게 먼 것은 あれ라고 합니다.

이것	그것	저것	어느 것
これ	それ	あれ	どれ

02 | はい、そうです。   네, 그렇습니다.

↔ いいえ、ちがいます。 아니요, 그렇지 않습니다.

03 | それは ノートじゃ ありません。   그것은 노트가 아닙니다.

일반적으로 これ로 물어보면 それ, それ로 물어보면 これ, あれ로 물어보면 あれ로 대답합니다.

これ

それ

あれ

50

04 | じゃ、あれは なんですか。　　그럼, 저것은 무엇입니까?

じゃ는 '그럼'이라는 의미로, 정중하게 말할 때는 では를 씁니다.

~は なんですか는 앞에 여러 가지 단어를 붙여서 다양하게 사용할 수 있습니다.

이름은 무엇입니까?　おなまえは なんですか。

취미는 무엇입니까?　しゅみは なんですか。

직업은 무엇입니까?　おしごとは なんですか。

일본어에서 좀더 정중하게 말을 하고 싶을 때에는 명사 앞에 お、ご를 붙여서 씁니다.

> **ex**　なまえ (이름) → おなまえ　　かぞく (가족) → ごかぞく

05 | だれの とけいですか。　　누구의 시계입니까?

조사 の의 용법

① 명사와 명사 사이

일본어에서는 명사와 명사 사이에 の를 넣습니다.

> **ex**　にほんの ほん　　　　　일본 책
> かんこくの きょうかしょ　　한국 교과서

② ~의

> **ex**　わたしの とけいです。　　나의 시계입니다.
> せんせいの かばんです。　　선생님의 가방입니다.

③ ~의 것

> **ex**　わたしのです。　　나의 것입니다.
> せんせいのです。　　선생님의 것입니다.

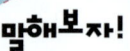

Track 13

1 보기와 같이 이야기해 보세요.

보기

A これは かばんですか。

B₁ はい、かばんです。

B₂ いいえ、かばんじゃありません。
ほんです。

①

これ／でんわ／とけい

②

それ／ほん／ノート

③

あれ／えんぴつ／けしゴム

かばん 가방	とけい 시계	けしゴム 지우개
ほん 책	ノート 노트	
でんわ 전화	えんぴつ 연필	

2 보기와 같이 이야기해 보세요.

보기

A これは なんですか。

B それは かばんです。

A だれの かばんですか。

B せんせいの かばんです。

❶

ほん／キムさん

❷

けしゴム／あゆみさん

❸

とけい／イさん

❹

ノート／わたし

なんですか 무엇입니까	の ~의, ~의 것	わたし 나, 저
だれ 누구	せんせい 선생님	

1 다음을 듣고 히라가나를 넣어 보세요.

① _____ は _____ です。

② あれは だれの _____ ですか。

③ それは _____ ほんじゃ ありません。

2 다음을 듣고 알맞은 것을 연결해 보세요.

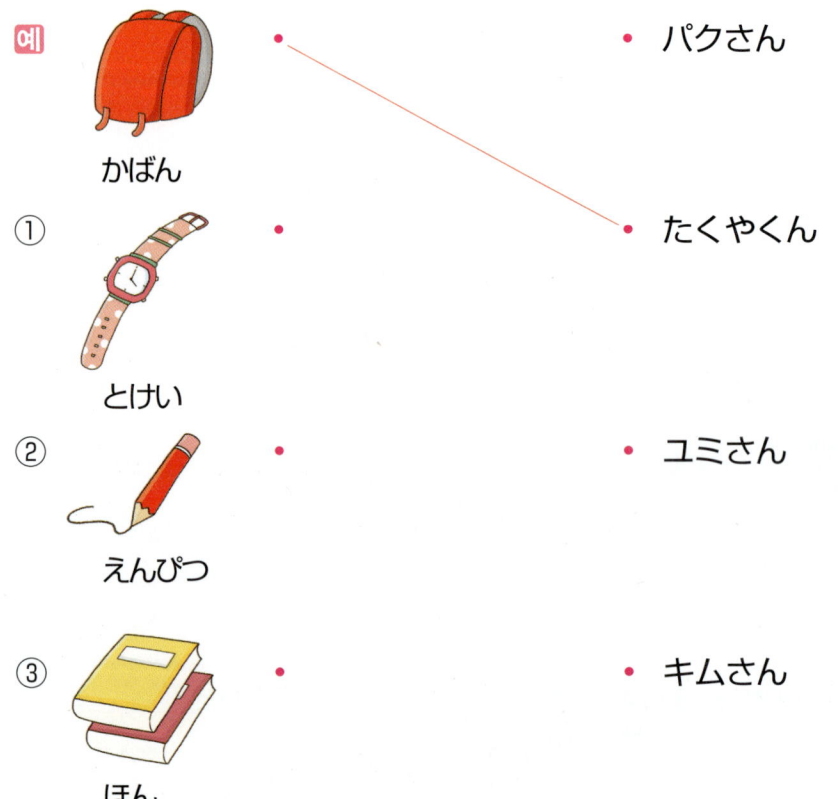

예   かばん　・ ・ パクさん

①   とけい　・ ・ たくやくん

②   えんぴつ　・ ・ ユミさん

③   ほん　・ ・ キムさん

かくにんしょう!

1 다음 빈 칸에 들어갈 히라가나를 넣어 보세요.

```
┌───┬───┐        ┌───┬───┐        ┌───┬───┐
│   │   │        │   │   │        │   │   │
└───┴───┘        └───┴───┘        └───┴───┘
```

2 다음 문장을 완성하세요.

① A ＿＿＿＿ ＿＿＿ ＿＿＿ かばんですか。

　 B はい、それは かばんです。

② A あれは ＿＿＿＿ ＿＿＿＿ですか。

　 B あれは ほんです。

③ A それは だれ＿＿＿ とけいですか。

　 B これは わたし＿＿＿ とけいです。

잘했나요?

よくできましたか

♥ 한 과를 끝낸 후, 학습에 대해 자기 스스로 평가해 보세요.

항목	질문	よく できました	まあ まあです	もっと がんばろう
낱말	필요한 낱말은 모두 외웠나요?			
읽기	본문 해석이 잘됐나요?			
문법	문법 설명을 이해했나요?			
말하기	막힘없이 대화를 잘했나요?			
듣기	듣고 잘 이해했나요?			
쓰기	틀리지 않고 모두 썼나요?			

놀아보자!

물건 맞추기 게임

♣ 게임 방법

5명씩 그룹을 만들어 다 같이 마주보고 앉습니다. 한 명은 눈을 감고 나머지 사람들은 책상 위에 각자의 물건(휴대폰, 지갑, 손수건 등)을 2개씩 놓습니다. 눈을 감고 있었던 사람은 눈을 뜨고 누구의 물건인지 맞추기 시작합니다.

맞출 때에는 「これは_____さんの けいたい(휴대폰)ですか。」 라고 질문하고, 맞으면 「はい、わたしの けいたい(휴대폰)です。」 틀리면 「いいえ、わたしの けいたい(휴대폰)じゃありません。」 이라고 대답합니다. 지적당한 사람의 물건이 맞으면 주인에게 돌려줍니다. 질문 몇 번만에 물건을 모두 주인에게 돌려주는지를 겨루는 게임입니다.

でんわばんごうは なんばんですか。

전화번호는 몇 번입니까?

친구에게 전화번호를 물어 보아요.

でんわばんごうは なんばんですか。

０８０－３１４４－５６２９です。
ゼロはちゼロ の さんいちよんよん の ごろくにきゅう

すみません、もういちど おねがいします。

おぼえよう!

외워보자!

Track 15

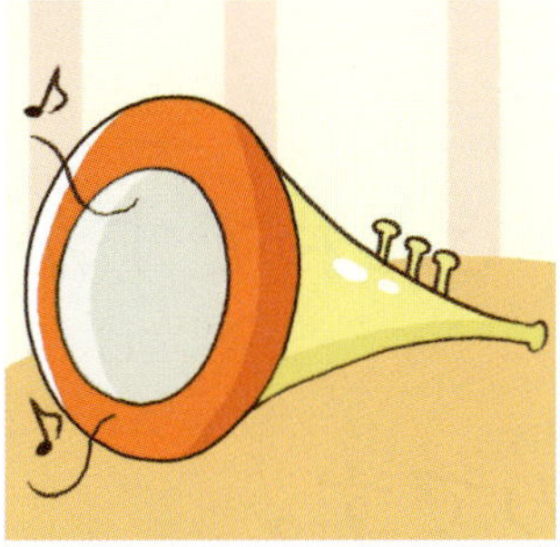

ゼロ・れい

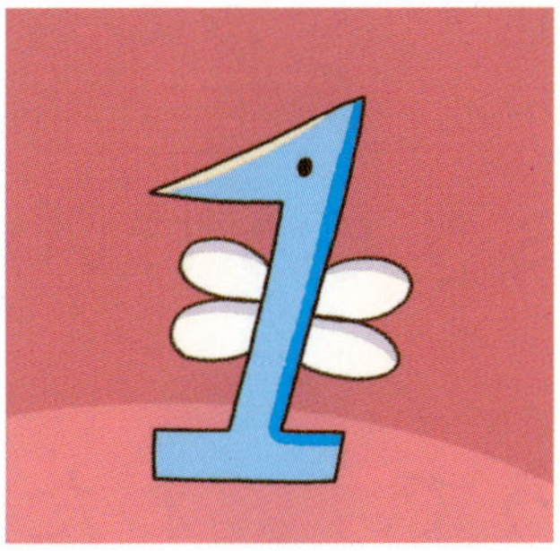

いち

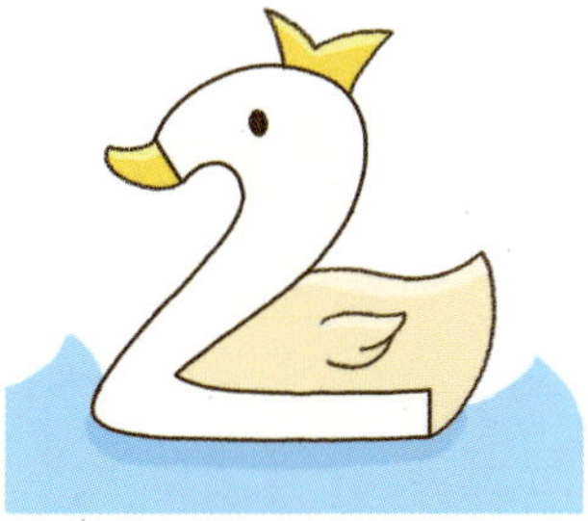

に

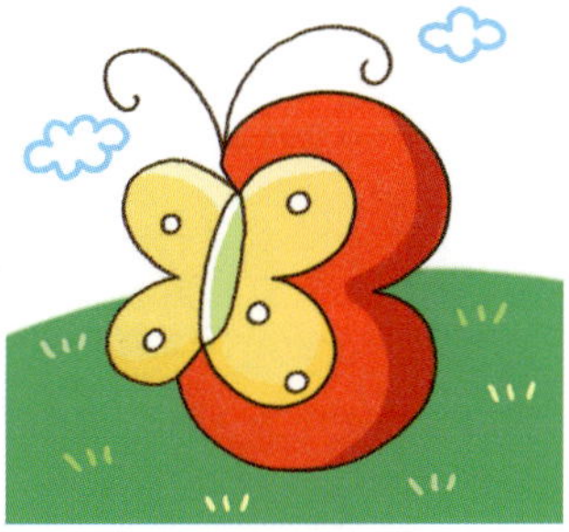

さん

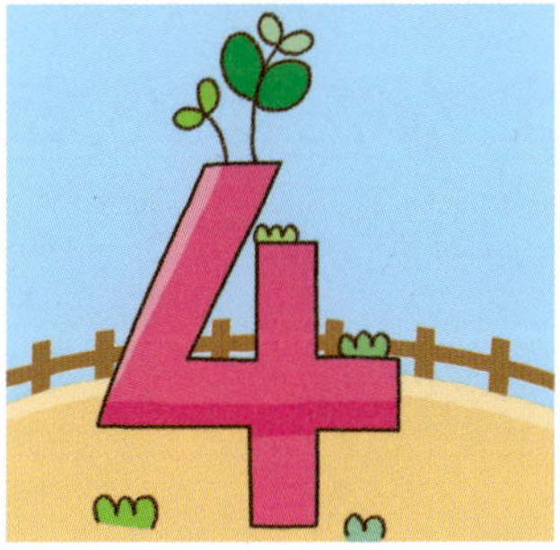

よん・し

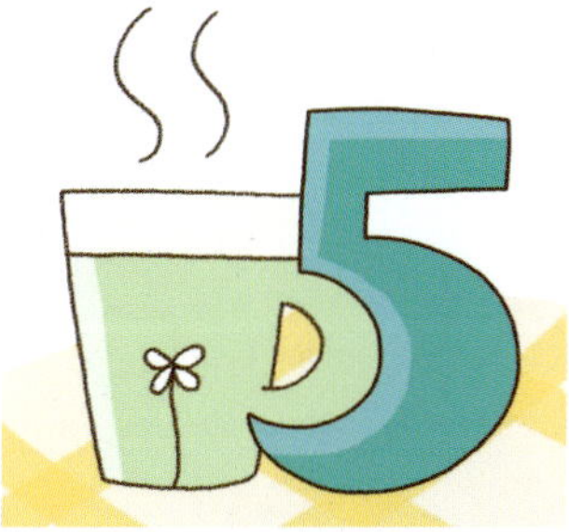

ご

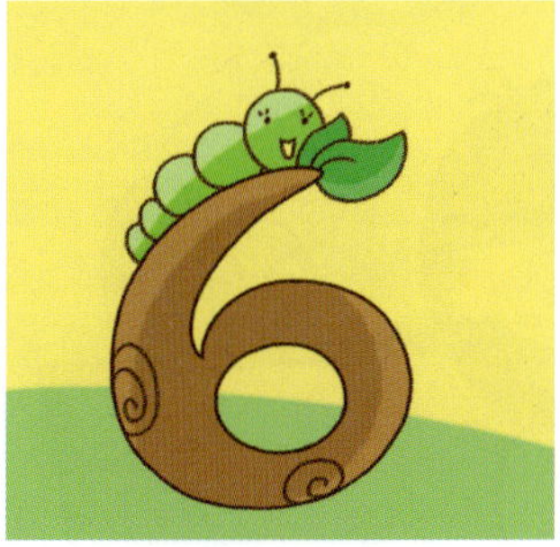

ろく

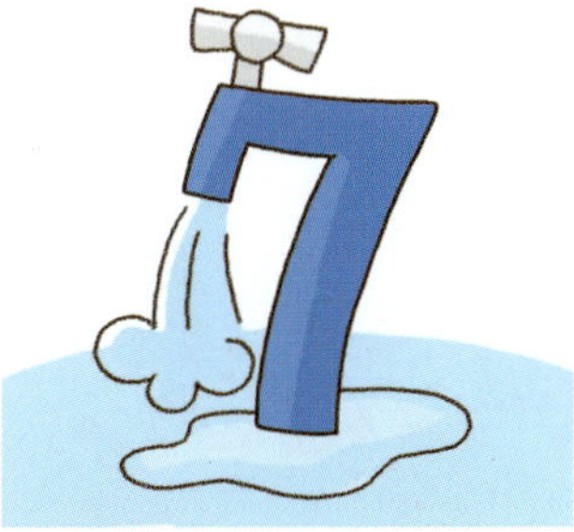

なな・しち

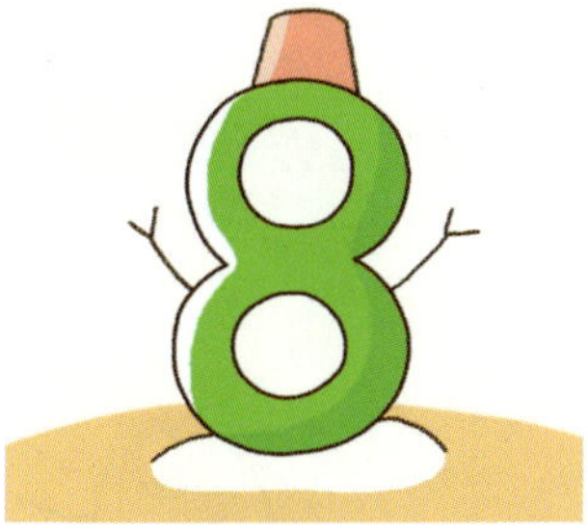

はち

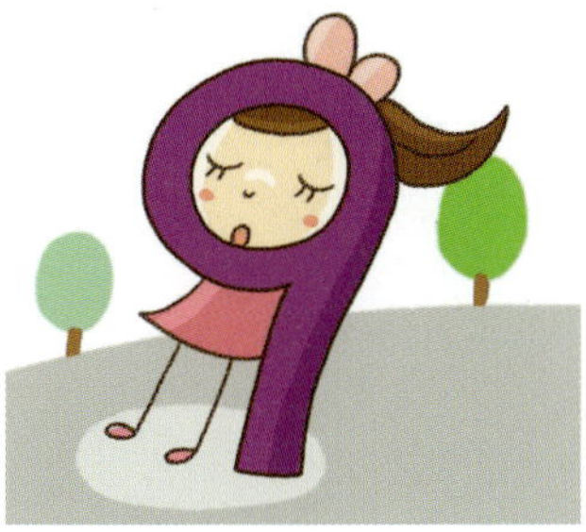

きゅう・く

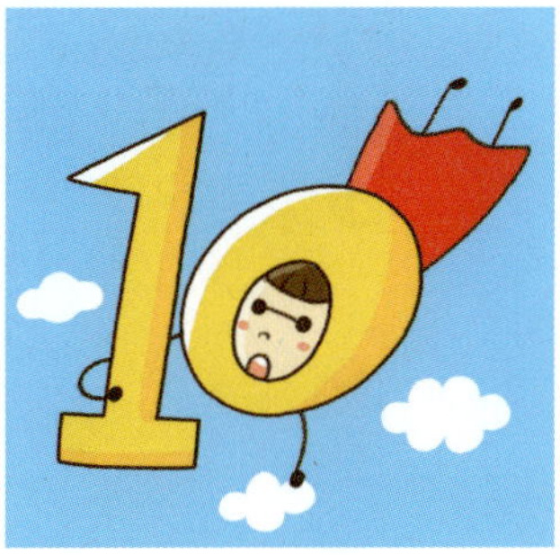

じゅう

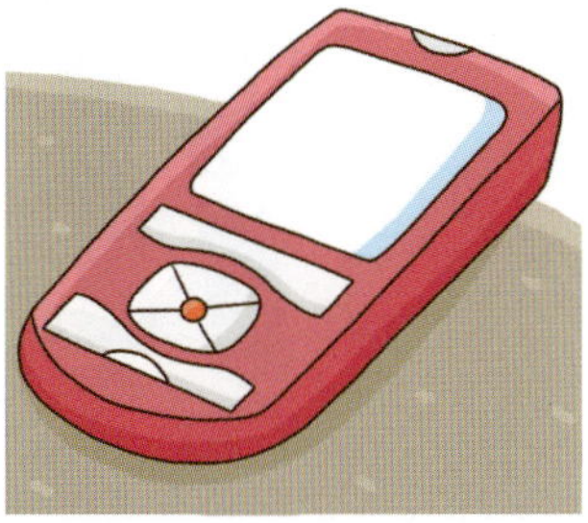

けいたいでんわ

♥ 다쿠야와 유미가 휴대폰 번호를 교환하고 있어요.

たくや　それは ユミさんの けいたいでんわですか。

ユミ　　はい、そうです。わたしのです。

たくや　ばんごうは なんばんですか。

ユミ　　　０８０－３１４４－５６２９です。
　　　　　ゼロはちゼロ の さんいちよんよん の ごろくに きゅう

　　　　　たくやくんの ばんごうは?

たくや　　０９０－２２７３－０１７６です。
　　　　　ゼロきゅうゼロ の に に ななさん の ゼロいちななろく

ユミ　　　すみません、もういちど おねがいします。

たくや　　０９０－２２７３－０１７６です。
　　　　　ゼロきゅうゼロ の に に ななさん の ゼロいちななろく

낱말과 표현

それ 그것	わたし 나, 저	もういちど 한 번 더
の ~의, ~의 것	ばんごう 번호	おねがいします 부탁합니다
けいたいでんわ 휴대폰, 손전화	なんばん 몇 번	
そうです 그렇습니다	すみません 죄송합니다	

01 | ばんごうは なんばんですか。　번호는 몇 번입니까?

전화번호를 물어볼 때 쓰는 말입니다. 일반적으로는 앞에 '전화'라는 단어를 넣어서
でんわばんごうは なんばんですか라고 하고, 휴대폰 번호를 물어 볼 때는 けいたい
ばんごうは なんばんですか라고 합니다.

02 | 숫자 읽기

0	ゼロ / れい		
1	いち	11	じゅういち
2	に	12	じゅうに
3	さん	13	じゅうさん
4	よん / し	14	じゅうよん
5	ご	15	じゅうご
6	ろく	16	じゅうろく
7	なな / しち	17	じゅうなな
8	はち	18	じゅうはち
9	きゅう / く	19	じゅうきゅう
10	じゅう	20	にじゅう

두 가지로 읽히는 숫자 4, 7, 9는 전화번호를 말할 때는 어느 쪽을 써도 괜찮지만 경우
에 따라서는 한 쪽만 쓰는 경우도 있으므로 두 가지 모두 외워야 합니다.

03 | ０８０－３１４４－５６２９です。

ゼロはちゼロの さんいちよんよんの ごろくにきゅうです。

080-3144-5629 입니다.

전화번호를 말할 때 '一'는 の라고 발음합니다.

일본의 휴대폰 번호는 주로 080이나 090으로 시작합니다.

04 | すみません、もういちど おねがいします。

죄송합니다, 한 번 더 부탁합니다.

상대방의 말을 못 알아 들었거나 같은 동작을 다시 부탁할 때 쓰는 말입니다.

すみません은 '죄송합니다'라는 의미 외에도 사람을 부를 때 '저 여기요!'라는 의미와 '실례합니다'라는 의미로도 사용됩니다. もう는 뒤에 수량을 나타내는 단어가 오면 '~더'라는 의미로 사용됩니다.

ex	もう いちど	한 번 더
	もう すこし	조금 더
	もう ひとつ	하나 더

1 보기와 같이 이야기해 보세요.

보기

A　たなかさんの でんわばんごうは
　　なんばんですか。

B　ゼロさんの よんいちはちの
　　ろくきゅうさんさんです。

03-418-6933

やまださん／03-345-0149

よしださん／03-7392-5446

③

せんせい／03-9522-3788

でんわばんごう 전화번호　　｜　　なんばん 몇 번

64

2 보기와 같이 친구들에게 전화번호를 물어보고 표에 적어 보세요.

보기

A たなかさんの けいたいばんごうは なんばんですか。

B ゼロはちゼロの よんろくさんさんの はちななごごです。

A すみません、もういちど おねがいします。

B ゼロはちゼロの よんろくさんさんの

　　はちななごごです。

A ありがとうございます。

なまえ	ばんごう
たなかさん	080-4633-8755

낱말과 표현

けいたいばんごう 휴대폰 번호

すみません 미안합니다

もういちど おねがいします 한 번 더 부탁합니다

ありがとうございます 고맙습니다

1 다음을 듣고 전화번호를 숫자로 적어 보세요.

① 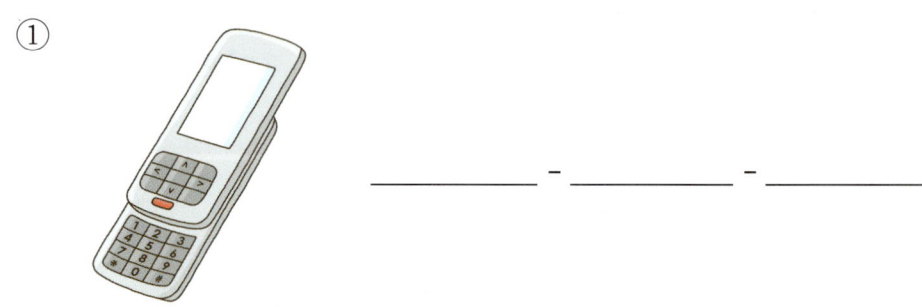 _____ - _____ - _____

② 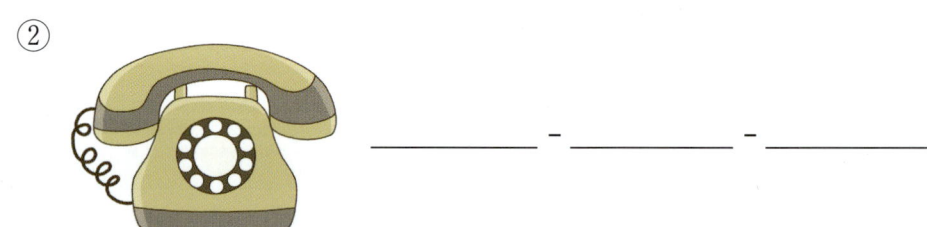 _____ - _____ - _____

③  _____ - _____ - _____

1 다음 빈 칸에 들어갈 히라가나를 넣어 보세요.

ば		ご	

	い		い		ん	

2 다음 문장을 완성하세요.

① A　けいたいばんごうは _____ _____ _____ _____ですか。

B　<ruby>０<rt>ゼロ</rt></ruby><ruby>８<rt>はち</rt></ruby><ruby>０<rt>ゼロ</rt></ruby> <ruby>の<rt></rt></ruby> <ruby>４<rt>よん</rt></ruby><ruby>６<rt>ろく</rt></ruby><ruby>３<rt>さん</rt></ruby><ruby>３<rt>さん</rt></ruby> <ruby>の<rt></rt></ruby> <ruby>８<rt>はち</rt></ruby><ruby>７<rt>なな</rt></ruby><ruby>５<rt>ご</rt></ruby><ruby>５<rt>ご</rt></ruby>です。

② A　わたしの ばんごうは ０８０ - ４６３３ - ８７５５です。

B　すみません、____ ____ ____ ____ ____ おねがいします。

よくできましたか

♥ 한 과를 끝낸 후, 학습에 대해 자기 스스로 평가해 보세요.

항목	질문	よく できました	まあ まあです	もっと がんばろう
낱말	필요한 낱말은 모두 외웠나요?			
읽기	본문 해석이 잘됐나요?			
문법	문법 설명을 이해했나요?			
말하기	막힘없이 대화를 잘했나요?			
듣기	듣고 잘 이해했나요?			
쓰기	틀리지 않고 모두 썼나요?			

ビンゴ 빙고

♣ 게임 방법

1부터 20까지 중에서 좋아하는 번호를 아래 빙고 칸에 써 넣습니다. 다 써 넣은 다음에 서로 돌아가면서 번호를 불러, 자기 시트에 불려진 번호가 있으면 그 번호를 지웁니다. 가로/세로/대각선 이렇게 빙고를 4줄 먼저 완성하고 '빙고!'라고 외치면 이기는 게임입니다.

❶

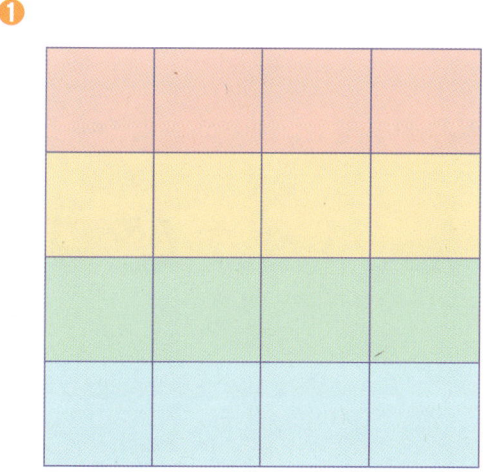

❷

いま、なんじですか。

지금 몇 시입니까?

시간을 물어보고 대답해 보아요.

いま、なんじですか。

いま ちょうど 9じです。

えいごの じゅぎょうは 10じから 11じはんまでです。

외워보자!

おぼえよう!

Track 19

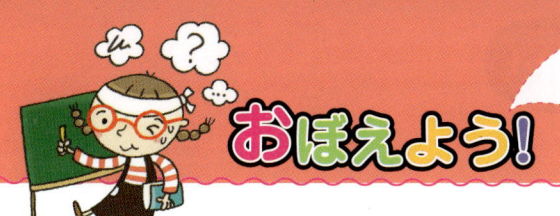

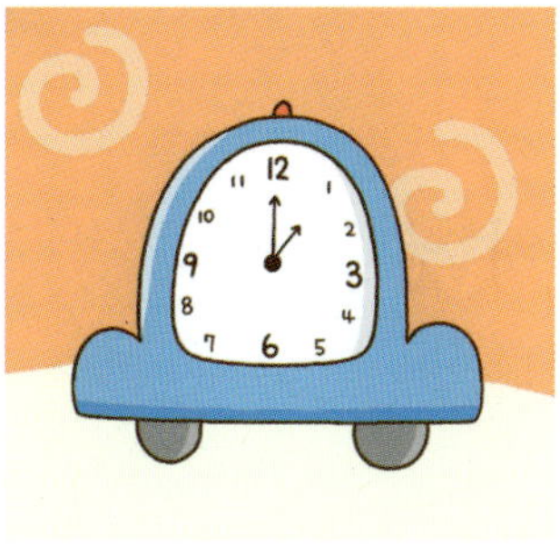

いちじ

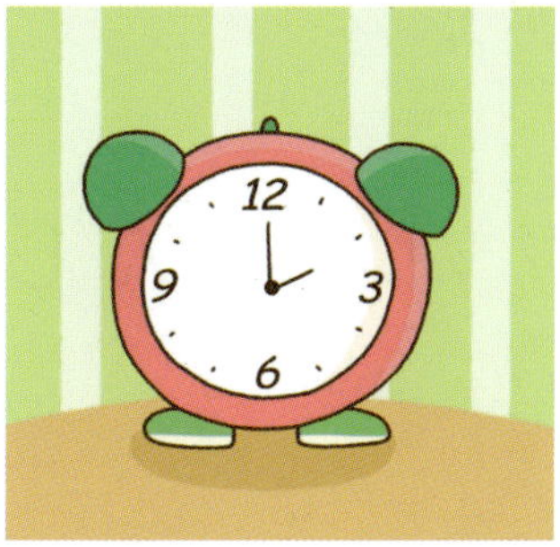

にじ

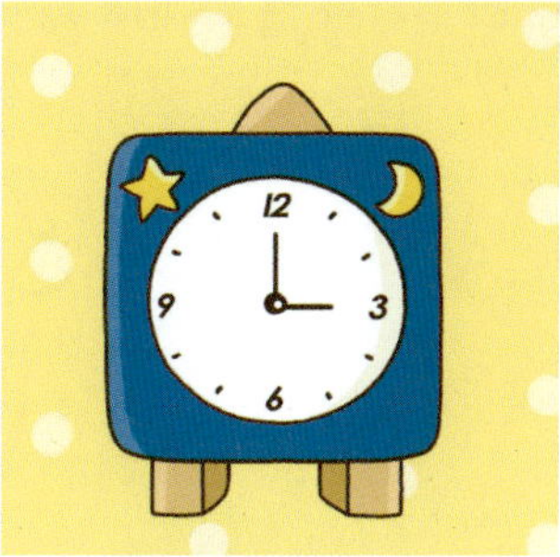

さんじ

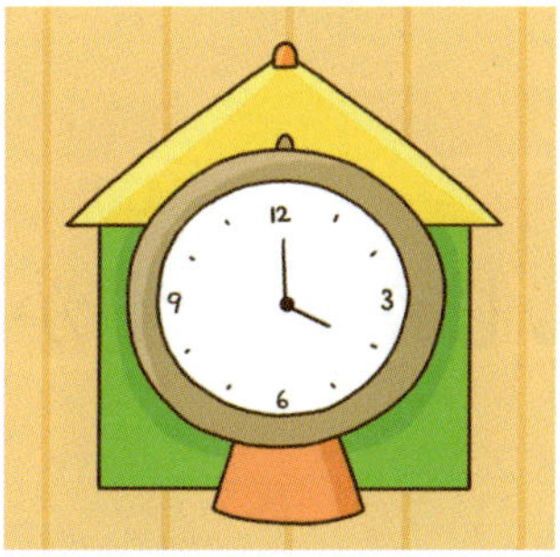

よじ

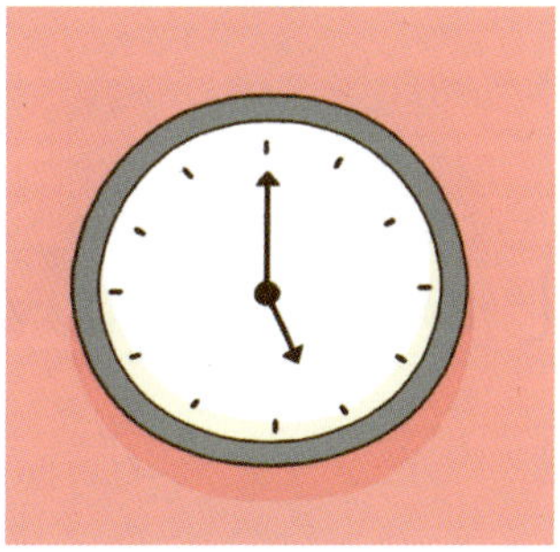

ごじ

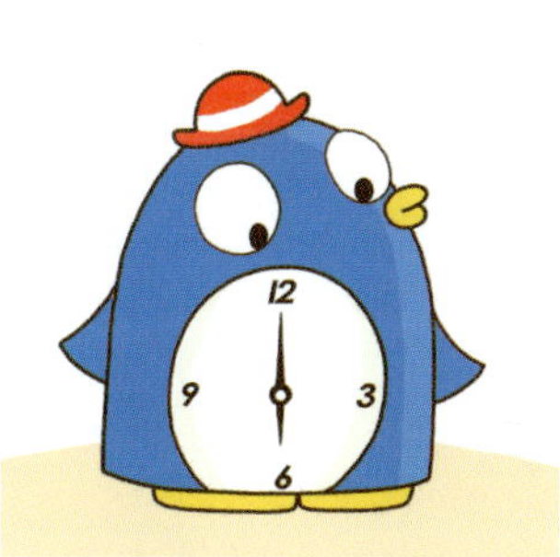

ろくじ

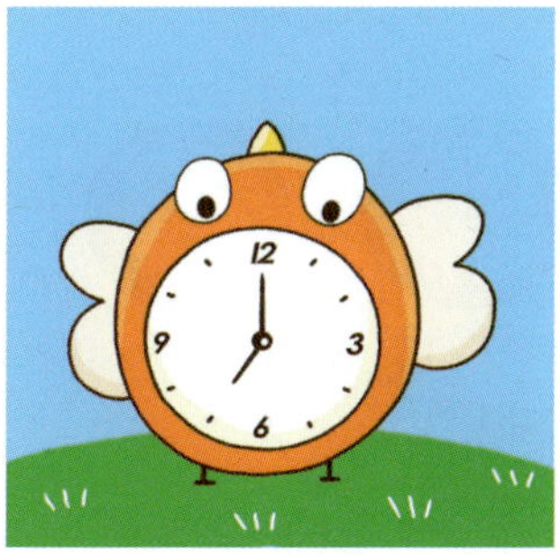

しちじ

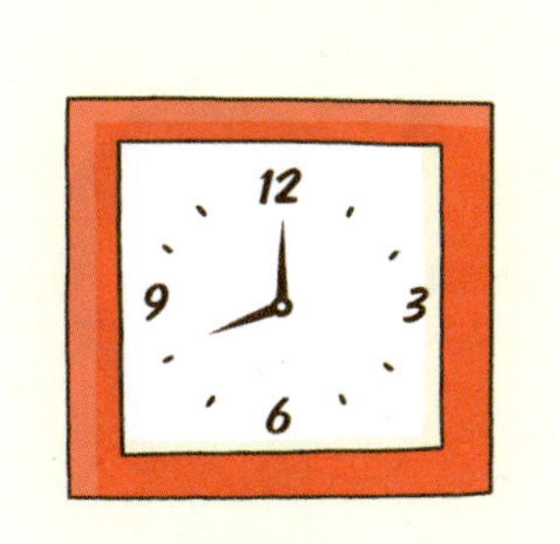

はちじ

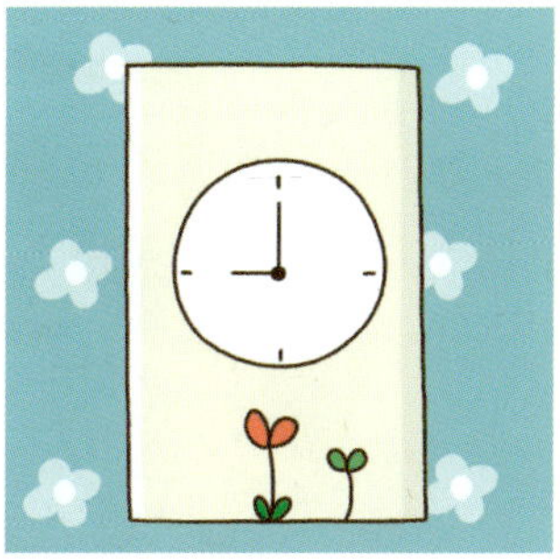

くじ

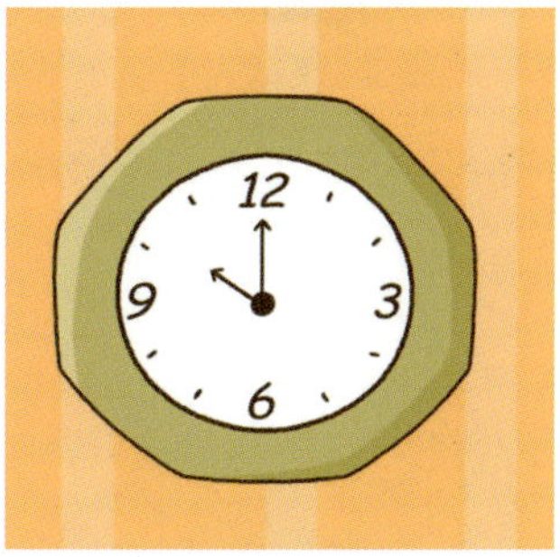

じゅうじ

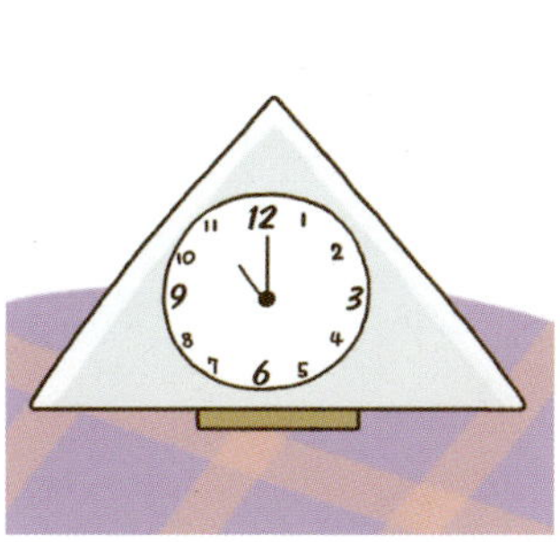

じゅういちじ

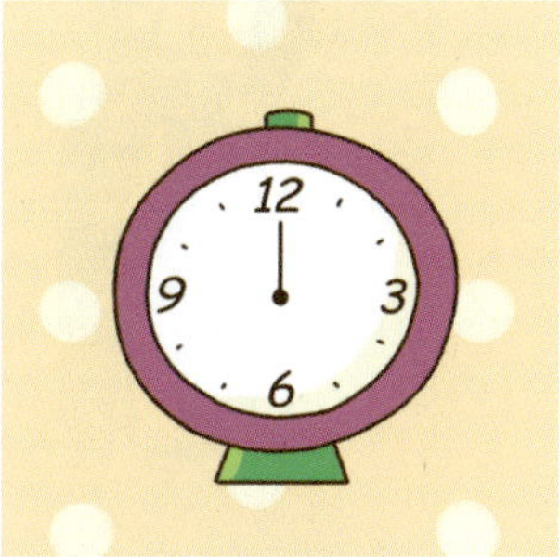

じゅうにじ

Track 20

♥ 다쿠야가 유미에게 시간을 묻고 있어요.

たくや　ユミさん、いま なんじですか。

ユミ　　いま ちょうど ９じです。
　　　　　　　　　く

たくや　えいごの じゅぎょうは なんじからですか。

72

| ユミ | 10じからです。 |
| じゅう |

| たくや | なんじまでですか。 |

| ユミ | 11じはんまでです。 |
| じゅういち |

| たくや | そうですか。 |

いま 지금	じゅぎょう 수업	そうですか 그렇습니까, 그렇군요
なんじ 몇 시	〜から ~부터	
ちょうど 마침, 정각, 딱	〜まで ~까지	
えいご 영어	はん 반, 30분	

まとめよう!

01 | 시간 말하기

숫자에 '시'를 뜻하는 じ만 붙이면 됩니다.

두 가지로 읽을 수 있는 숫자인 4, 7, 9는 주의해서 외워야 합니다.

1시	いちじ	7시	しちじ
2시	にじ	8시	はちじ
3시	さんじ	9시	くじ
4시	よじ	10시	じゅうじ
5시	ごじ	11시	じゅういちじ
6시	ろくじ	12시	じゅうにじ

02 | ちょうど 9じです. 정각 9시입니다.

ちょうど는 '마침, 정각, 딱'이라는 뜻입니다.

03 | なんじからですか. 몇 시부터입니까?

から는 '~부터(시간), ~에서(출발 장소)'라는 의미입니다.

> **ex** えいがは 2じからです. 영화는 2시부터입니다.
>
> にほんから きました. 일본에서 왔습니다.

04 | なんじまでですか。　몇 시까지입니까?

まで는 '~까지(시간, 장소)'라는 의미입니다.

> **ex** じゅぎょうは <ruby>１０<rt>じゅう</rt></ruby>じまでです。　수업은 10시까지입니다.
>
> かんこくまで <ruby>２<rt>に</rt></ruby>じかん かかります。　한국까지 2시간 걸립니다.

05 | <ruby>１１<rt>じゅういち</rt></ruby>じはんまでです。　11시 반까지입니다.

'분'은 앞에 오는 숫자에 따라 ふん이라고 발음 될 때와 ぷん이라고 발음 될 때가 있습니다. 5분의 경우는 ふん이라고 발음 되지만 10분의 경우는 じゅう가 じゅっ로 바뀌고 ぷん이 붙으므로 주의해야 합니다.

5	ご	10	じゅう
5분	ごふん	10분	じゅっぷん
15분	じゅうごふん	20분	にじゅっぷん
25분	にじゅうごふん	30분	さんじゅっぷん
35분	さんじゅうごふん	40분	よんじゅっぷん
45분	よんじゅうごふん	50분	ごじゅっぷん
55분	ごじゅうごふん	60분	ろくじゅっぷん

30분은 우리나라 말로 '반'이라고 쓰듯이 일본어에서도 はん이라는 표현을 씁니다.

06 | そうですか。　그렇습니까, 그렇군요.

상대방의 말에 수긍할 때 쓰는 표현입니다.

Track 21

1 보기와 같이 이야기해 보세요.

02:00

보기

A　いま、なんじですか。

B　いま、にじです。

A　そうですか、ありがとうございます。

❶

06:05

❷

09:15

❸

04:20

❹

07:30

| いま 지금 | なんじ 몇 시 | そうですか 그렇습니까 |

2 보기와 같이 이야기해 보세요.

보기

A　えいごの じゅぎょうは なんじから
　　なんじまでですか。

B　にじから さんじまでです。

2:00~3:00

❶

にほんごの じゅぎょう／4:00 ～5:00

❷

しけん／8:00 ～10:00

❸

えいが／5:00 ～7:00

❹

ひるやすみ／12:00 ～1:00

えいご 영어	～まで ~까지	えいが 영화
じゅぎょう 수업	にほんご 일본어	ひるやすみ 점심시간
～から ~부터	しけん 시험	

1 다음을 듣고 시간을 그려 넣어 보세요.

예

①

②

③

2 다음을 듣고 시간을 넣어 보세요.

예

9:00 ～ 10:00

①

_____ ～ _____

②

_____ ～ _____

③

_____ ～ _____

かくにんしょう！

1 다음 시계를 보고 시간을 히라가나로 적어 보세요.

_____ _____ _____

2 다음 문장을 완성하세요.

① A ＿＿＿＿ ＿＿＿＿、なんじですか。
　 B ３じです。
　　　<ruby>さん</ruby>

② しけんは なんじ＿＿＿ ＿＿＿ なんじ＿＿＿ ＿＿＿ですか。

よくできましたか

♥ 한 과를 끝낸 후, 학습에 대해 자기 스스로 평가해 보세요.

항목	질문	よく できました	まあ まあです	もっと がんばろう
낱말	필요한 낱말은 모두 외웠나요?			
읽기	본문 해석이 잘됐나요?			
문법	문법 설명을 이해했나요?			
말하기	막힘없이 대화를 잘했나요?			
듣기	듣고 잘 이해했나요?			
쓰기	틀리지 않고 모두 썼나요?			

알아두자!

招き猫 _{まね ねこ} 마네키네코

'복 고양이'라는 뜻의 마네키네코는 가게의 입구나 카운터에서 주로 볼 수 있는 일본의 인형입니다. 사람을 부르는 것처럼 앞발을 들고 있는데 오른발을 들면 「돈」을 부르고, 왼발을 들면 「손님」을 부른다는 의미가 있습니다. 요즘은 욕심 많은 사람들을 위해 양 발을 들고 있는 마네키네코도 볼 수 있습니다. 색깔에 따라서도 의미가 다른데 흰색 고양이는 복을 부르고, 빨간색 고양이는 병을 피하게 하고, 검은색 고양이는 악마를 쫓아낸다고 합니다. 최근에는 고양이 대신 곰이나 강아지가 앞발을 들고 있는 인형도 등장했답니다.

だるま 다루마

다루마는 '달마'의 일본식 표현으로, 달마대사가 좌선하는 모습을 나타낸 인형입니다. 9년 동안 돌 위에서 좌선을 한 나머지 발이 퇴화하여 걸을 수 없게 되었다하여 발이 없는 오뚝이 모양이랍니다. 다루마는 인내와 노력의 상징으로 사업 번창이나 출세를 비는 의미로 많이 장식합니다. 눈은 그려져 있지 않고, 소원을 빌면서 왼쪽 눈동자를 그리고 소원이 이루어지면 오른쪽 눈동자를 그려 넣습니다. 마네키네코와 더불어 일본의 대표 인형으로 휴대폰 줄 등의 액세서리로 많이 이용됩니다.

おたんじょうびは いつですか。

생일은 언제입니까?

생일을 물어보고 대답해 보아요.

おたんじょうびは いつですか。

しがつ ふつかです。

こんしゅうの すいようびですね。

5월 ごがつ

월 げつようび	화 かようび	수 すいようび	목 もくようび	금 きんようび	토 どようび	일 にちようび
		1 ついたち	2 ふつか	3 みっか	4 よっか	5 いつか
6 むいか	7 なのか	8 ようか	9 ここのか	10 とおか	11 じゅういちにち	12 じゅうににち
13 じゅうさんにち	14 じゅうよっか	15 じゅうごにち	16 じゅうろくにち	17 じゅうしちにち	18 じゅうはちにち	19 じゅうくにち
20 はつか	21 にじゅういちにち	22 にじゅうににち	23 にじゅうさんにち	24 にじゅうよっか	25 にじゅうごにち	26 にじゅうろくにち
27 にじゅうしちにち	28 にじゅうはちにち	29 にじゅうくにち	30 さんじゅうにち	31 さんじゅういちにち		

よんでみよう！ 읽어보자!

Track 24

💜 다쿠야와 유미가 서로의 생일에 대해 이야기하고 있어요.

ユミ　　たくやくんの　おたんじょうびは
　　　　いつですか。

たくや　ごがつ　じゅうごにちです。ユミさんの
　　　　おたんじょうびは?

ユミ　しがつ ふつかです。

たくや　じゃ、こんしゅうの すいようびですね。
おめでとうございます。

ユミ　ありがとうございます。

おたんじょうび 생일	ふつか 2일	おめでとうございます 축하합니다
いつ 언제	じゃ 그럼	
ごがつ 5월	こんしゅう 이번 주	ありがとうございます 고맙습니다
じゅうごにち 15일	すいようび 수요일	
しがつ 4월	〜ね ~군요, ~네요	

まとめよう!

01 | おたんじょうびは いつですか。   생일은 언제입니까?

생일은 たんじょうび이지만 남의 생일을 물어 볼 때는 お를 붙여서 정중하게 말하면 됩니다. 그러나 자신의 생일에는 お를 붙이지 않습니다.

02 | なんがつ   몇 월

숫자에 '월'을 뜻하는 がつ를 붙이면 됩니다.

두 가지로 읽히는 숫자 4, 7, 9는 주의해서 외워야 합니다.

1월	いちがつ	2월	にがつ	3월	さんがつ
4월	しがつ	5월	ごがつ	6월	ろくがつ
7월	しちがつ	8월	はちがつ	9월	くがつ
10월	じゅうがつ	11월	じゅういちがつ	12월	じゅうにがつ

03 | じゃ、こんしゅうの すいようびですね。   그럼, 이번 주 수요일이군요.

こんしゅう는 '이번 주'라는 의미이며, '이번 주'도 명사이고 '수요일'도 명사이기 때문에 사이에 の가 들어 갑니다.

ね는 '~군요, ~네요'라는 의미이며, 문장 끝에 붙이면 됩니다.

04 | なんにち / なんようび 몇 일 / 무슨 요일

1일부터 10일까지, 그리고 20일은 특별하게 쓰이므로 주의해서 외워야 합니다.

11일부터는 숫자에 にち만 붙이면 되지만, 4일로 끝나는 날짜는 모두 よっか로 쓰므로 주의해야 합니다.

일요일	월요일	화요일	수요일	목요일	금요일	토요일
にちようび	げつようび	かようび	すいようび	もくようび	きんようび	どようび
1일	2일	3일	4일	5일	6일	7일
ついたち	ふつか	みっか	よっか	いつか	むいか	なのか
8일	9일	10일	11일	12일	13일	14일
ようか	ここのか	とおか	じゅういちにち	じゅうににち	じゅうさんにち	じゅうよっか
15일	16일	17일	18일	19일	20일	21일
じゅうごにち	じゅうろくにち	じゅうしちにち	じゅうはちにち	じゅうくにち	はつか	にじゅういちにち
22일	23일	24일	25일	26일	27일	28일
にじゅうににち	にじゅうさんにち	にじゅうよっか	にじゅうごにち	にじゅうろくにち	にじゅうしちにち	にじゅうはちにち
29일	30일	31일				
にじゅうくにち	さんじゅうにち	さんじゅういちにち				

05 | おめでとうございます。 축하합니다.

おめでとうございます라는 말을 들으면 ありがとうございます라고 대답합니다.

친한 사이에서는 おめでとう (축하해) - ありがとう (고마워)라고 해도 됩니다.

はなしてみよう！

Track 25

1 달력을 보고 보기와 같이 쓰고 이야기해 보세요.

4月

일	월	화	수	목	금	토
			1	2 (보기)	3 ①	
4	5	6	7	8 ②	9	10
11	12	13	14	15	16	17
18	19	20	21 ③	22	23	24
25	26 ④	27	28	29	30	31

보기

A きょうは なんがつ なんにちですか。

B しがつ ふつかです。

A なんようびですか。

B きんようびです。

보기 しがつ ふつか ／ きんようび

① ＿＿＿＿＿＿＿＿＿／＿＿＿＿＿＿＿＿＿

② ＿＿＿＿＿＿＿＿＿／＿＿＿＿＿＿＿＿＿

③ ＿＿＿＿＿＿＿＿＿／＿＿＿＿＿＿＿＿＿

④ ＿＿＿＿＿＿＿＿＿／＿＿＿＿＿＿＿＿＿

낱말과 표현

きょう 오늘	なんにち 몇 일
なんがつ 몇 월	なんようび 무슨 요일

88

2 보기와 같이 이야기해 보세요.

보기

A おたんじょうびは いつですか。

B はちがつ じゅうににちです。

8/12

❶

おしょうがつ ／ 1/1

❷

こどものひ ／ 5/5

❸

しけん ／ 3/14

❹

やすみ ／ 7/18

| おたんじょうび 생일 | こども 어린이 | しけん 시험 |
| おしょうがつ 설날 | ひ 날, 일 | やすみ 휴일, 휴가 |

きいてみよう！

Track 26

1 다음을 듣고 히라가나를 넣어 보세요.

① きょうは＿＿＿＿＿＿＿＿＿＿＿＿＿＿＿＿＿＿です。

② しけんは＿＿＿＿＿＿＿＿＿＿＿＿＿＿＿＿＿ですか。

③ やすみは＿＿＿＿＿＿＿＿＿＿＿＿＿＿＿＿＿です。

2 다음을 듣고 알맞은 것을 연결해 보세요.

예 キムさん

3 /15

① やまださん

7 /16

② ミナさん

10 /3

③ たなかさん

12 /24

1 다음 빈 칸에 들어갈 히라가나를 넣어 보세요.

❶

	け	

❷

た	ん		う	

2 다음 문장을 완성하세요.

① やすみは ＿＿＿＿ ＿＿＿＿ですか。

② A きょうは ＿＿ ＿＿ ＿＿ ＿＿ ＿＿ですか。

B すいようびです。

③ A こどものひは なんがつですか。

B ＿＿＿＿ ＿＿＿＿ ＿＿＿＿です。

잘했나요?

よくできましたか

♥ 한 과를 끝낸 후, 학습에 대해 자기 스스로 평가해 보세요.

항목	질문	よく できました	まあ まあです	もっと がんばろう
낱말	필요한 낱말은 모두 외웠나요?			
읽기	본문 해석이 잘됐나요?			
문법	문법 설명을 이해했나요?			
말하기	막힘없이 대화를 잘했나요?			
듣기	듣고 잘 이해했나요?			
쓰기	틀리지 않고 모두 썼나요?			

ひな祭り (まつ) 히나마츠리

3월 3일은 여자아이의 건강과 행복을 기원하는 날로 모모노셋쿠(桃の節句)라고도 합니다. 층층으로 된 빨간 히나단(ひな壇)에 히나인형(ひな人形)을 장식하고, 온가족이 모여 초밥과 백주(白酒), 대합장국 등을 먹습니다. 신상에 일어날 수 있는 불길한 일을 인형에 옮겨 바다나 강에 띄워 보냄으로 재앙을 씻어내는 행사(ひな流し)에서 유래되어 여자아이들의 인형놀이와 결합되었다고 합니다. 3월 3일이 지난 후에 히나인형을 치우지 않으면 여자아이의 결혼이 늦어진다는 말이 있습니다.

鯉のぼり (こい) 고이노보리

5월 5일은 어린이날로, 옛날에는 남자아이의 건강과 장래를 기원하는 날이었지만 지금은 남녀구별 없이 모두를 위한 경축일이 되었습니다. 남자아이가 있는 집에서는 집안에 갑옷, 투구, 칼 등과 무사인형을 장식하고 집 밖에는 높은 막대기에 천이나 종이로 만든 잉어 모양의 고이노보리(鯉のぼり)를 가족의 수만큼 답니다. 생명력이 강한 잉어가 폭포를 거슬러 올라가 용이 되었다는 이야기에서 유래하여 어려운 환경을 극복하고 장래의 출세를 기원하는 뜻에서 이루어지고 있습니다.

LESSON
06 スポーツが すきですか。

스포츠를 좋아합니까?

학습 포인트

좋아하는 것을 물어보고 대답해 보아요.

スポーツが すきですか。

スポーツの なかで なにが いちばん すきですか。

サッカーが いちばん すきです。

すきだ
좋아하다

かんたんだ
간단하다

げんきだ
건강하다

べんりだ
편리하다

ゆうめいだ
유명하다

きれいだ
예쁘다

じょうずだ
잘하다

しんせつだ
친절하다

しずかだ
조용하다

♥ 다쿠야와 유미가 좋아하는 스포츠에 대해 이야기하고 있어요.

ユミ　　たくやくんは、スポーツが すきですか。

たくや　はい、とても すきです。

ユミ　　スポーツの なかで なにが いちばん
　　　　すきですか。

たくや　サッカーが いちばん すきです。

　　　　ユミさんも サッカーが すきですか。

ユミ　　いいえ、あまり すきじゃありません。

　　　　わたしは すいえいが すきです。

スポーツ 스포츠	なに 무엇	〜じゃありません ~지 않습니다
〜がすきですか	〜が ~이(가)	わたし 나, 저
~을(를) 좋아합니까	いちばん 가장, 제일	〜は ~은(는)
とても 매우, 아주	サッカー 축구	すいえい 수영
なか ~중	〜も ~도	
〜で ~에서	あまり 그다지, 별로	

まとめよう！

01 | な형용사

な형용사는 모두 だ로 끝납니다.

반말은 だ를 빼고 사용하면 되고, 부정문에는 명사와 같이 じゃない를 붙여 줍니다.

ex	かんたんだ？↗	간단하니?
	うん、かんたんだ。	응, 간단해.
	ううん、かんたんだじゃない。	아니, 간단하지 않아.

정중어는 반말에 です를 붙이면 되고, 의문문의 경우는 です 뒤에 か를 붙여주면 됩니다. 부정형은 じゃないです 대신에 じゃありません도 쓸 수 있습니다. 좀 더 정중하게 말하고 싶을 때는 명사 활용과 같은 방법으로 じゃ 대신에 では를 쓰면 됩니다.

ex	かんたんですか。	간단합니까?
	はい、かんたんです。	네, 간단합니다.
	いいえ、かんたんじゃないです。	아니요, 간단하지 않습니다.
	いいえ、かんたんじゃありません。	
	いいえ、かんたんではありません。	

02 | スポーツが すきですか。　스포츠를 좋아합니까?

な 형용사 중에서 기호(좋아하다, 싫어하다)나 능력(잘하다, 잘못하다)을 나타내는 단어 앞에 '~을(를)'이라는 조사가 올 때 일본어에서는 '~이(가)'의 의미인 が를 사용한다는 점에 주의해야 합니다.

> **ex**　まんがが すきです。　　　　만화를 좋아합니다.
>
> 　　　にほんごが じょうずです。　일본어를 잘합니다.

03 | スポーツの なかで なにが いちばん すきですか。

스포츠 중에서 무엇을 가장 좋아합니까?

여러 가지 중에서 무엇을 가장 좋아하는지 물어보는 표현으로, 비교대상에 따라 의문사가 달라집니다.

> **ex**　A　～の なかで　**なに**(무엇)が いちばん ～ですか。
>
> 　　　　　　　　　　**だれ**(누구)
>
> 　　　　　　　　　　**いつ**(언제)
>
> 　　　～중에서 ～이(가) 가장 ～합니까?
>
> 　　　B　～が いちばん ～です。　～이(가) 가장 ～입니다.

04 | とても ／ あまり　매우/그다지

とても는 긍정문과 함께 써서 '매우, 아주'라는 의미이며 あまり는 부정문과 함께 써서 '그다지, 별로'라는 의미입니다.

 말해보자!

 Track 29

1 보기와 같이 이야기해 보세요.

A　かんたん？
B₁　うん、かんたん。
B₂　ううん、かんたんじゃない。

A　かんたんですか。
B₁　はい、かんたんです。
B₂　いいえ、かんたんじゃないです。
　　いいえ、かんたんじゃありません。

 ❶ げんきだ

 ❷ きれいだ

 ❸ べんりだ

 ❹ すきだ

かんたんだ 간단하다	きれいだ 예쁘다	すきだ 좋아하다
げんきだ 건강하다	べんりだ 편리하다	

2 보기와 같이 이야기해 보세요.

보기

A　にほんごは かんたんですか。

B1　はい、とても かんたんです。

B2　いいえ、あまり かんたんじゃありません。

❶ せんせい／は／きれいだ

❷ やまださん／は／しんせつだ

❸ ピアノ／が／じょうずだ

❹ べんきょう／が／すきだ

にほんご 일본어	せんせい 선생님	じょうずだ 잘하다
とても 매우, 대단히	しんせつだ 친절하다	べんきょう 공부
あまり 그다지, 별로	ピアノ 피아노	

3 보기와 같이 아래에서 골라 이야기해 보세요.

 보기

A くだものの なかで なにが いちばん すきですか。

B いちごが いちばん すきです。

❶ スポーツ／なに／じょうずだ　❷ たべもの／なに／すきだ

❸ きせつ／いつ／すきだ　❹ かしゅ／だれ／すきだ (좋아하는 가수 말하기)

くだもの (과일)	りんご	みかん	すいか	いちご	バナナ
スポーツ (스포츠)	やきゅう	サッカー	バスケットボール	すいえい	スキー
たべもの (먹을 것)	すし	うどん	とんかつ	ピザ	スパゲッティ
きせつ (계절)	はる	なつ	あき	ふゆ	

なか ~중	~が ~이(가)	いつ 언제
~で ~에서	いちばん 가장, 제일	かしゅ 가수
なに 무엇	いちご 딸기	だれ 누구

1 다음을 듣고 히라가나를 넣어 보세요.

① けいたいでんわは _____ です。

② せんせいは _____ ですか。

③ べんきょうは _____ 。

2 다음을 듣고 알맞은 것을 고르세요.

예
 (　)　　 (　)　　(　✓　)

① (　)　　(　)　　(　)

②  (　)　　 (　)　　(　)

③  (　)　　 (　)　　(　)

1 다음 그림을 보고 문장을 완성하세요.

① A ユミさんは えいごが すきですか。

B いいえ、すき＿＿ ＿＿ ＿＿ ＿＿ ＿＿ ＿＿ ＿＿。

② A くだものの なかで ＿＿ ＿＿ ＿＿ いちばん
すきですか。

B いちごが いちばん すきです。

2 다음 문장을 완성하세요.

① A にほんごは かんたんですか。

B はい、＿＿＿＿ ＿＿＿＿ ＿＿＿＿ かんたんです。

② A ＿＿ ＿＿ ＿＿ ＿＿ の なかで なにが いちばん すきですか。

B うどんが いちばん すきです。

③ A きせつの なかで ＿＿＿＿ ＿＿＿＿が いちばん すきですか。

B はるが いちばん すきです。

よくできましたか

잘했나요?

♥ 한 과를 끝낸 후, 학습에 대해 자기 스스로 평가해 보세요.

항목	질문	よく できました	まあ まあです	もっと がんばろう
낱말	필요한 낱말은 모두 외웠나요?			
읽기	본문 해석이 잘됐나요?			
문법	문법 설명을 이해했나요?			
말하기	막힘없이 대화를 잘했나요?			
듣기	듣고 잘 이해했나요?			
쓰기	틀리지 않고 모두 썼나요?			

07

えいごの べんきょうは おもしろいですか。

영어 공부는 재미있습니까?

학습 포인트

서로 비교해 보아요.

えいごの べんきょうは おもしろいですか。

えいごと にほんごと どちらが むずかしいですか。

にほんごより えいごの ほうが むずかしいですね。

おぼえよう！

Track 31

おもしろい
재미있다

むずかしい
어렵다

おいしい
맛있다

あつい
덥다

やすい
싸다

かわいい
귀엽다

おおきい
크다

はやい
빠르다

こわい
무섭다

외워보자！

07 えいごの べんきょうは おもしろいですか。 107

よんでみよう！ 읽어보자！ Track 32

♥ 다쿠야와 유미가 영어와 일본어 공부에 대해 이야기하고 있어요.

ユミ　　たくやくん、えいごの べんきょうは
　　　　おもしろいですか。

たくや　ええ、おもしろいですよ。 ユミさんは?

ユミ　　わたしは あまり おもしろくありません。

たくや　ユミさんは えいごと にほんごと どちらが
　　　　むずかしいですか。

ユミ　　にほんごより えいごの ほうが むずかしい
　　　　ですね。

たくや　そうですか。

낱말과 표현

えいご 영어	～は ~은(는)	～が ~이(가)
べんきょう 공부	あまり 그다지, 별로	むずかしい 어렵다
おもしろい 재미있다	～くありません ~지 않습니다	～より ~보다
ええ 예	～と ~와(과)	ほう 쪽, 편
～よ ~어요, ~예요	にほんご 일본어	そうですか 그렇습니까
わたし 나, 저	どちら 어느 쪽	

まとめよう！

01 | い형용사

い형용사는 어미가 い로 끝납니다.

반말은 기본형을 쓰면 되고, 질문의 경우 끝을 올려서 발음합니다.

또한, 부정문은 い를 빼고 くない를 붙이면 됩니다.

ex		
おいしい？↗		맛있니?
うん、おいしい。		응, 맛있어.
ううん、おいしい̶く̶ない。		아니, 맛없어.

정중어는 반말에 です를 붙이면 되고, 의문문의 경우는 です 뒤에 か를 붙여주면 됩니다. 부정형은 くないです 대신에 くありません도 쓸 수 있습니다.

ex		
おいしいですか。		맛있습니까?
はい、おいしいです。		네, 맛있습니다.
いいえ、おいしくないです。		아니요, 맛있지 않습니다.
いいえ、おいしくありません。		

★ 예외적으로 '좋다'라는 의미의 いい는 부정형으로 만들 때 よくありません이 됩니다.

おもしろい	재미있다	つまらない	재미없다 , 시시하다
むずかしい	어렵다	やさしい	쉽다
おいしい	맛있다	まずい	맛없다
あつい	덥다	さむい	춥다
やすい	싸다	たかい	비싸다
おおきい	크다	ちいさい	작다

02 | えいごと にほんごと どちらが むずかしいですか。

영어와 일본어 중 어느 쪽이 어렵습니까?

두 가지를 비교할 때 쓰는 문형으로, 대답할 때는 우리말과 달리 '~쪽, ~편'이라는
표현을 넣어서 말하는 것이 일반적입니다.

ex
A ～と ～と どちらが ～ですか。 ~와 ~중 어느 쪽이 ~합니까?
B ～の ほうが ～です。   ~쪽이 ~입니다.

03 | にほんごより えいごの ほうが むずかしいですね。

일본어보다 영어 쪽이 어렵네요.

～より는 '~보다'라는 의미입니다.

말해보자!

Track 33

1 보기와 같이 이야기해 보세요.

보기

A おもしろい？

B₁ うん、おもしろい。

B₂ ううん、おもしろくない。

A おもしろいですか。

B₁ はい、おもしろいです。

B₂ いいえ、おもしろくないです。

　　いいえ、おもしろくありません。

❶
おいしい

❷
さむい

❸
かわいい

❹
おおきい

낱말과 표현

おもしろい 재미있다	さむい 춥다	おおきい 크다
おいしい 맛있다	かわいい 귀엽다	

2 보기와 같이 이야기해 보세요.

보기

A えいがは おもしろいですか。

B いいえ、おもしろくありません。
こわいです。

❶

きょう／さむい／あつい

❷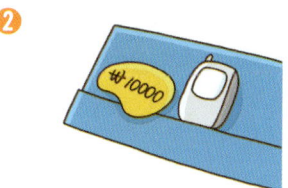

けいたい／たかい／やすい

❸

ねこ／こわい／かわいい

❹

にほんご／むずかしい／おもしろい

낱말과 표현

えいが 영화	あつい 덥다	やすい 싸다
こわい 무섭다	けいたい (でんわ) 핸드폰	ねこ 고양이
きょう 오늘	たかい 비싸다	むずかしい 어렵다

3 보기와 같이 이야기해 보세요.

보기

A りんごと バナナと どちらが おいしいですか。

B バナナの ほうが おいしいです。

❶   にほんご／えいご／むずかしい

❷   バス／ちかてつ／はやい

❸   はる／なつ／あつい

❹   ねこ／ライオン／おおきい

りんご 사과	むずかしい 어렵다	はる 봄
バナナ 바나나	バス 버스	なつ 여름
どちら 어느 쪽	ちかてつ 지하철	ライオン 사자
えいご 영어	はやい 빠르다	

1 다음을 듣고 히라가나를 넣어 보세요.

① きょうは _____ です。

② しけんは _____ ですか。

③ けいたいは _____。

2 다음을 듣고 알맞은 그림을 고르세요.

예

(✓)　　　　　(　)

① (　)　　　　　(　)

② (　)　　　　　(　)

③ (　)　　　　　(　)

かくにんしょう!

1 다음 문장을 완성하세요.

① A えいがは おもしろいですか。

B いいえ、おもしろ_____ _____ _____ _____ _____ _____。

② A えいご _____ にほんご _____ どちらが むずかしいですか。

B えいごの _____ _____が むずかしいです。

2 다음 빈 칸에 들어갈 낱말을 아래에서 골라 문장을 완성하세요.

① A _____ と_____と どちらが はやいですか。

B ちかてつの ほうが はやいです。

② A _____ と_____と どちらが あついですか。

B _____の ほうが あついです。

バス・ちかてつ・
はる・なつ・
・にほんご・えいご

よくできましたか

잘했나요?

♥ 한 과를 끝낸 후, 학습에 대해 자기 스스로 평가해 보세요.

항목	질문	よく できました	まあ まあです	もっと がんばろう
낱말	필요한 낱말은 모두 외웠나요?			
읽기	본문 해석이 잘됐나요?			
문법	문법 설명을 이해했나요?			
말하기	막힘없이 대화를 잘했나요?			
듣기	듣고 잘 이해했나요?			
쓰기	틀리지 않고 모두 썼나요?			

08 いくらですか。

얼마입니까?

학습 포인트

가격을 물어보고 물건을 사 보아요.

ハンバーガーは いくらですか。

さんびゃく
３００えんです。

ハンバーガーと コーラ ふたつずつ ください。

おぼえよう！

외워보자!

Track 35

과일 가게

ひとつ　　ふたつ　　みっつ　　よっつ

いつつ　　むっつ　　ななつ

やっつ　　ここのつ　　とお

💜 유미가 햄버거 가게에서 주문하고 있어요.

てんいん　いらっしゃいませ。

ユミ　　　ハンバーガーは いくらですか。

てんいん　３００えんです。
　　　　　さんびゃく

ユミ　　　じゃ、コーラは いくらですか。

てんいん　１２０えんです。
　　　　　ひゃくにじゅう

ユミ　　　ハンバーガーと コーラ ふたつずつ
　　　　　ください。ぜんぶで いくらですか。

てんいん　８４０えんです。
　　　　　はっぴゃくよんじゅう

ユミ　　　１０００えんで おねがいします。
　　　　　せん

てんいん　はい、１６０えんの おかえしです。
　　　　　　　ひゃくろくじゅう
　　　　　ありがとうございました。

てんいん 점원	コーラ 콜라	ぜんぶで 전부 다해서
いらっしゃいませ 어서 오세요	～と ~와, ~하고	～で ~으로
ハンバーガー 햄버거	ふたつ 두 개	おねがいします 부탁합니다
いくら 얼마	～ずつ ~씩	おかえしです 돌려드립니다
～えん ~엔(일본의 화폐단위)	ください 주세요	ありがとうございました 고맙습니다

まとめよう!

01 | ハンバーガーは いくらですか。　햄버거는 얼마입니까?

いくらは '얼마'라는 의미이며, 가격을 물어볼 때 쓰는 표현입니다.

02 | <ruby>３００<rt>さんびゃく</rt></ruby>えんです。　300엔입니다.

일본의 화폐단위는 '엔'입니다.

100단위에서는 3, 6, 8을, 1000단위에서는 3, 8을, 10000단위에서는 1을 주의해서 외워야 합니다.

	10	100	1000	10000
1	じゅう	ひゃく	せん	いちまん
2	にじゅう	にひゃく	にせん	にまん
3	さんじゅう	さんびゃく	さんぜん	さんまん
4	よんじゅう	よんひゃく	よんせん	よんまん
5	ごじゅう	ごひゃく	ごせん	ごまん
6	ろくじゅう	ろっぴゃく	ろくせん	ろくまん
7	ななじゅう	ななひゃく	ななせん	ななまん
8	はちじゅう	はっぴゃく	はっせん	はちまん
9	きゅうじゅう	きゅうひゃく	きゅうせん	きゅうまん

03 | ハンバーガーと コーラ ふたつずつ ください。

햄버거와 콜라 두 개씩 주세요.

1개~10개까지는 다음과 같이 세며, 개수 뒤에 ずつ를 붙이면, '~씩'이라는 의미가 됩니다.

하나 , 1개	둘 , 2개	셋 , 3개	넷 , 4개	다섯 , 5개
ひとつ	ふたつ	みっつ	よっつ	いつつ
여섯 , 6개	일곱 , 7개	여덟 , 8개	아홉 , 9개	열 , 10개
むっつ	ななつ	やっつ	ここのつ	とお

04 | ぜんぶで   전부 다해서

ぜんぶ는 '전부'라는 의미이며, で는 두 개 이상의 물건을 합해서 계산할 때 붙이는 조사입니다.

> **ex** みっつで ２００えんです。   세 개에 200엔입니다.

05 | １０００えんで おねがいします。   천엔으로 부탁합니다.

１０００えんで에서 で는 '～으로'라는 의미이며, おねがいします는 '부탁합니다'라는 의미인데 여기서는 '계산을 부탁합니다'라는 의미로 쓰였습니다.
おねがいします를 빼고 １０００えんで까지만 써도 같은 의미로 사용됩니다.

06 | １６０えんの おかえしです。   160엔 돌려드립니다.

おかえし는 '돌려드림'이라는 의미로, おかえしです는 '돌려드립니다'라는 정중한 표현입니다.

 말해보자!

はなしてみよう!

 Track 37

1 보기와 같이 말해 보세요.

보기

A ハンバーガーは いくらですか。

B さんびゃくえんです。

보기

ハンバーガー／300えん    ピザ／400えん    スパゲッティ／650えん

❸  コーラ／120えん   ❹  オレンジジュース／150えん   ❺  アイスクリーム／200えん

ハンバーガー 햄버거	スパゲッティ 스파게티	アイスクリーム 아이스크림
いくら 얼마	コーラ 콜라	
ピザ 피자	オレンジジュース 오렌지주스	

2 왼쪽 페이지의 가격을 보면서 보기와 같이 이야기해 보세요.

보기

てんいん　いらっしゃいませ。

おきゃく　ハンバーガーと　コーラ　ください。

てんいん　はい、ぜんぶで　４２０えんです。

보기

🍔 ＋ 🥤 ＝ _{よんひゃくにじゅう} ４２０えん

❶ 🍕 ＋ 🥤 ＝ ＿＿＿＿＿えん

❷ 🍝 ＋ 🍹 ＝ ＿＿＿＿＿えん

❸ 🍨 ＋ 🍹 ＝ ＿＿＿＿＿えん

❹ 🍽 　　좋아하는 것을 주문해 보세요.

てんいん 점원　　　　　おきゃく 손님　　　　　ください 주세요
いらっしゃいませ 어서 오세요　　～と ~와(과)　　ぜんぶで 전부 다해서

1 다음을 듣고 알맞은 개수를 숫자로 적으세요.

예

① ②

___2___   _____   _____

2 다음을 듣고 알맞은 금액을 넣어 보세요.

예

①

300 えん

_____えん

②   ③

_____えん   _____えん

126

확인하자!

かくにんしょう!

1 다음 금액을 히라가나로 적어 보세요.

❶ 300えん

❷ 120えん

❸ 500えん

_____ _____ _____

2 다음 문장을 완성하세요.

① A　ハンバーガーは _____ _____ _____ ですか。

　　B　_{さんびゃくにじゅう}　３２０えんです。

② A　ハンバーガーと コーラ ふたつずつ ください。

　　_____ _____ _____ _____ いくらですか。

　　B　_{はっぴゃくよんじゅう}　８４０えんです。

よくできましたか

♥ 한 과를 끝낸 후, 학습에 대해 자기 스스로 평가해 보세요.

항목	질문	よく できました	まあ まあです	もっと がんばろう
낱말	필요한 낱말은 모두 외웠나요?			
읽기	본문 해석이 잘됐나요?			
문법	문법 설명을 이해했나요?			
말하기	막힘없이 대화를 잘했나요?			
듣기	듣고 잘 이해했나요?			
쓰기	틀리지 않고 모두 썼나요?			

알아두자!

일본의 화폐

일본의 화폐의 단위는 엔(円, ¥)이고, 동전과 지폐로 구성되어 있습니다.

동전

1엔은 어린 나무가지가, 5엔은 농업과 공업을 상징하는 벼 이삭과 물, 톱니바퀴가 새겨져 있습니다. 10엔은 세계문화유산으로 지정된 평등원 봉황당이라는 절이, 50엔에는 국화 꽃이 새겨져 있습니다. 100엔은 일본의 국화인 벚꽃이, 500엔짜리 동전의 뒷면에는 오동나무가 새겨져 있습니다.

지폐

1000엔에는 일본의 의학자로서 노벨상 후보까지 올랐던 노구치 히데요(野口英世)가, 뒷면에는 일본의 대표적인 산인 후지산과 벚꽃이 그려 있습니다.

2000엔짜리는 오키나와에 있는 세계문화유산인 수리성의 슈레이몬(守礼門)이, 뒷면에는 일본의 유명한 소설 「겐지모노가타리(源氏物語)」의 그림과 작자인 무라사키 시키부(紫式部)의 초상화가 그려져 있는데, 밀레니엄 기념 지폐로 발행되어 널리 통용되는 화폐는 아닙니다.

5000엔은 19세기 말의 여류 소설가인 히구치 이치요(樋口一葉)가, 뒷면에는 일본의 유명 화가 오가타 고린(尾形光琳)의 작품인 「제비붓꽃」이 그려져 있습니다.

10000엔은 앞면에는 교육가로서 서양의 지식을 받아들이는데 앞장섰던 후쿠자와 유키치(福沢諭吉)가 그려져 있고, 뒷면에는 봉황이 그려져 있습니다.

09 どこに ありますか。

어디에 있습니까?

학습 포인트

어디에 있는지 물어보고 대답해 보아요.

せんせいは いま、としょしつに います。

としょしつは どこに ありますか。

トイレの みぎに あります。

きょうしつ
교실

としょしつ
도서실

トイレ
화장실

さいふ
지갑

しんぶん
신문

はな
꽃

テレビ
텔레비전

ほんだな
책장

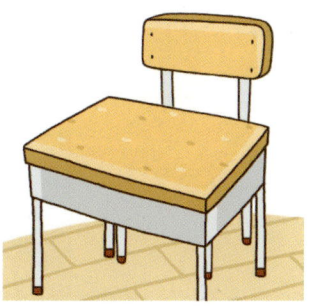

つくえ・いす
책상・의자

♥ 다쿠야가 유미에게 선생님이 어디 계신지 묻고 있어요.

たくや　ユミさん、きょうしつに せんせいが
　　　　いますか。

ユミ　　いいえ、いません。
　　　　せんせいは いま、としょしつに います。

たくや　としょしつは どこに ありますか。

ユミ　　トイレの みぎに あります。

たくや　そうですか。ありがとうございます。

きょうしつ 교실	いません 없습니다	ありますか 있습니까
～に ～에	いま 지금	トイレ 화장실
せんせい 선생님	としょしつ 도서실	みぎ 오른쪽
～が ～이(가)	います 있습니다	あります 있습니다
いますか 있습니까	どこ 어디	ありがとうございます 고맙습니다

まとめよう！

01 | きょうしつに せんせいが いますか。
교실에 선생님이 있습니까?

일본어에는 '있습니다'라는 표현이 두 가지가 있습니다.

- **あります** : 사물이나 식물이 있을 때

  かばんの なかに ほんが あります。　　가방 안에 책이 있습니다.

- **います** : 사람이나 동물이 있을 때

  わたしの となりに ともだちが います。　내 옆에 친구가 있습니다.

02 | いいえ、いません。　　아니요, 없습니다.

사물이나 식물이 없을 때는 ありません을, 사람이나 동물이 없을 때는 いません
을 사용합니다.

> **ex**　A けしゴム、ありますか。　　지우개 있습니까?
>
> 　　　B いいえ、ありません。　　아니요, 없습니다.
>
> **ex**　A きょうしつに すずきさんが いますか。 교실에 스즈키씨가 있습니까?
>
> 　　　B いいえ、いません。　　아니요, 없습니다.

03 | としょしつは どこに ありますか。　도서실은 어디에 있습니까?

どこ는 '어디'라는 의미이며, に는 '~에'라는 장소를 나타내는 조사입니다. どこに
ありますか와 같은 의미로 どこですか라고 하기도 합니다.

ex	トイレは どこですか。	화장실은 어디에 있습니까?
	(=どこに ありますか)	
	せんせいは どこですか。	선생님은 어디에 있습니까?
	(=どこに いますか)	

04 | **トイレの みぎに あります。** 화장실 오른쪽에 있습니다.

위치를 나타내는 단어

うえ 위

した 아래

みぎ 오른쪽

ひだり 왼쪽

なか 안

そと 밖

まえ 앞

うしろ 뒤

よこ 옆 : 같은 종류, 다른 종류 상관없음

ex デパートのよこにくるまがあります。 백화점 옆에 자동차가 있습니다.

となり 옆 : 같은 종류의 것이 나란히 있음

ex デパートのとなりにぎんこうがあります。 백화점 옆에 은행이 있습니다.

はなしてみよう！

Track 41

1 보기와 같이 이야기해 보세요.

보기

A けいたいは どこに ありますか。

B つくえの うえに あります。

①

さいふ／かばんの なか

②

かばん／いすの した

③

しんぶん／はなの みぎ

④

テレビ／ほんだなの よこ

けいたい（でんわ） 휴대폰	かばん 가방	はな 꽃
つくえ 책상	いす 의자	テレビ 텔레비전
さいふ 지갑	しんぶん 신문	ほんだな 책장

136

2 다음 그림을 보고 질문에 대답해 보세요.

보기 れいこさんは どこに いますか。 <u>ひろしくんの となりに います。</u>

① ひろしくんは どこに いますか。　わたしの＿＿＿＿＿＿＿＿

② あゆみさんは どこに いますか。　わたしの＿＿＿＿＿＿＿＿

③ ふじきくんは どこに いますか。　わたしの＿＿＿＿＿＿＿＿

1 다음을 듣고 알맞은 위치의 번호를 넣어 보세요.

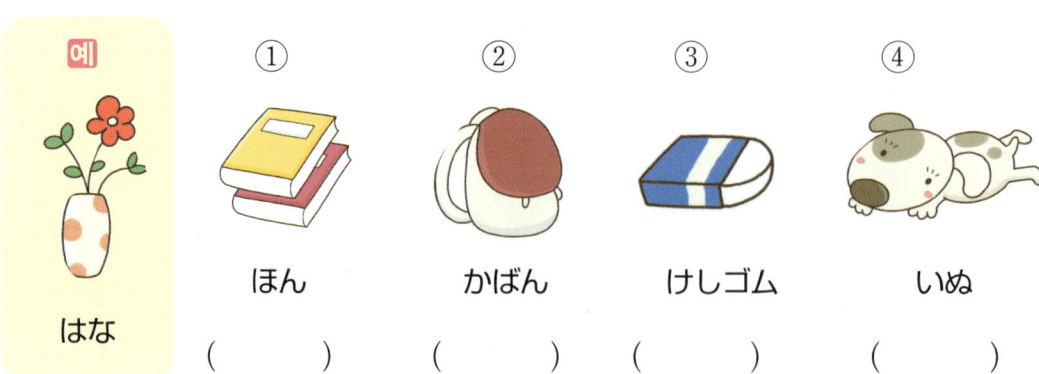

예	①	②	③	④
はな	ほん	かばん	けしゴム	いぬ
	( )	( )	( )	( )

138

1 다음 빈 칸에 들어갈 말을 아래에서 골라 넣으세요.

あります　　います

① たくやくんは、どこに ＿＿＿＿＿＿＿＿＿＿＿か。

② けいたいは つくえの うえに ＿＿＿＿＿＿＿＿＿。

③ きょうしつの なかに いぬが ＿＿＿＿＿＿＿＿か。

2 다음 그림을 보고 문장을 완성하세요.

① かばんは つくえの ＿＿＿＿＿ に あります。

② ねこは テレビの ＿＿＿＿＿ に います。

잘했나요?

よくできましたか

♥ 한 과를 끝낸 후, 학습에 대해 자기 스스로 평가해 보세요.

항목	질문	よく できました	まあ まあです	もっと がんばろう
낱말	필요한 낱말은 모두 외웠나요?			
읽기	본문 해석이 잘됐나요?			
문법	문법 설명을 이해했나요?			
말하기	막힘없이 대화를 잘했나요?			
듣기	듣고 잘 이해했나요?			
쓰기	틀리지 않고 모두 썼나요?			

놀아보자!

ふくわらい 후쿠와라이

설날에 아이들이 하는 놀이

♣ 게임 방법

3-4명씩 그룹을 만들어 한 명은 눈을 가립니다. 눈을 가린 학생이 **おかめ**의 얼굴 윤곽만을 그린 종이 위에, 눈썹·눈·코·입 등의 모양으로 만든 조각을 놓아 얼굴을 완성시킵니다. 나머지 학생들은 눈썹·눈·코·입 등이 정확한 위치에 놓일 수 있도록 일본어로 「うえ、した、みぎ、ひだり」 등 위치를 말해 줍니다.

10

ごかぞくは なんにんですか。

가족은 몇 명입니까?

학습 포인트

가족관계와 나이를 묻고 대답해 보아요.

ごかぞくは なんにんですか。

ちちと ははと あにと わたしの よにんです。

おねえさんは おいくつですか。

Track 43

かぞく （우리 가족）

ごかぞく （남의 가족）

そふ

おじいさん

そぼ

おばあさん

ちち

おとうさん

はは

おかあさん

あに

おにいさん

あね

おねえさん

わたし

おとうと

おとうとさん

いもうと

いもうとさん

♥ 다쿠야와 유미가 가족에 대해 이야기하고 있어요.

ユミ たくやくんの ごかぞくは なんにんですか。

たくや ちちと ははと あにと わたしの よにんです。

ユミさんは おにいさんが いますか。

ユミ　　　いいえ、いません。でも、あねが ひとり
　　　　　います。

たくや　　おねえさんは おいくつですか。

ユミ　　　１７さいです。
　　　　　じゅうなな

낱말과 표현

ごかぞく (남의) 가족	よにん 4명	あね (나의) 누나, 언니
なんにん 몇 명	おにいさん (남의) 형, 오빠	ひとり 한 명
ちち (나의) 아버지	～が ～이(가)	います 있습니다
～と ～와, ～하고	いますか 있습니까	おねえさん (남의) 누나, 언니
はは (나의) 어머니	いません 없습니다	おいくつですか 몇 살입니까
あに (나의) 형, 오빠	でも 하지만	～さい ～살

01 | ごかぞくは なんにんですか。　가족은 몇 명입니까?

'가족'은 かぞく 이지만 남의 가족을 말할 때는 앞에 ご를 붙여서 정중하게 말합니다.

사람 수 세기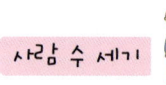

1명	2명	3명	4명	5명
ひとり	ふたり	さんにん	よにん	ごにん
6명	7명	8명	9명	10명
ろくにん	ななにん	はちにん	きゅうにん	じゅうにん

1명과 2명을 제외하고 나머지는 숫자에 にん만 붙이면 됩니다.
단 4명은 よにん이 되므로 주의할 것.
또한 11명일 때는 じゅういちにん, 12명은 じゅうににん입니다.

02 | ちちと ははと あにと わたしの よにんです。

아버지와 어머니와 형과 나 이렇게 네 명입니다.

일본어에서는 남의 가족을 말할 때와 우리 가족을 말할 때의 명칭을 구별해서 사용합니다.

우리 가족	남의 가족	명칭		우리 가족	남의 가족
そふ	おじいさん	할아버지	할머니	そぼ	おばあさん
ちち	おとうさん	아버지	어머니	はは	おかあさん
あに	おにいさん	오빠 / 형	언니 / 누나	あね	おねえさん
おとうと	おとうとさん	남동생	여동생	いもうと	いもうとさん

03 | おねえさんは おいくつですか。 언니는 몇 살입니까?

나이를 물어볼 때는 おいくつですか 또는 なんさいですか라고 하고, 친구끼리는 なんさい? 또는 いくつ?라고 반말을 사용하기도 합니다.

04 | じゅうなな 17さいです。 17살입니다.

나이를 말할 때는 숫자에 さい를 붙이면 되는데 1, 8, 10이 올 때는 어미 변화가 생겨서 1살은 いっさい, 8살은 はっさい, 10살은 じゅっさい가 됩니다.
또한 11살은 じゅういっさい, 12살은 じゅうにさい입니다.

1살	2살	3살	4살	5살
いっさい	にさい	さんさい	よんさい	ごさい
6살	7살	8살	9살	10살
ろくさい	ななさい	はっさい	きゅうさい	じゅっさい

ex 20살 – はたち　30살 – さんじゅっさい　45살 – よんじゅうごさい

Track 45

1 보기와 같이 이야기해 보세요.

보기

A ごかぞくは なんにんですか。

B よにんです。

　 ちちと ははと あにと ぼくです。

①

さんにん
ちち／はは／わたし

②

ごにん
ちち／はは／あね／ぼく／おとうと

③

よにん
ちち／はは／わたし／いもうと

| ちち 아버지 | あに 형, 오빠 | おとうと 남동생 |
| はは 어머니 | あね 누나, 언니 | いもうと 여동생 |

2 보기와 같이 이야기해 보세요.

보기 おとうさんは おいくつですか。（４５さい）

ちちは <u>よんじゅうごさい</u>です。

❶ おかあさんは おいくつですか。（４３さい）

ははは ＿＿＿＿＿＿＿＿＿ です。

❷ おにいさんは おいくつですか。（１７さい）

あには ＿＿＿＿＿＿＿＿＿です。

❸ いもうとさんは おいくつですか。（８さい）

いもうとは ＿＿＿＿＿＿＿です。

| おとうさん 아버지 | おにいさん 형, 오빠 |
| おかあさん 어머니 | いもうとさん 여동생 |

きいてみよう！

Track 46

1 다음을 듣고 알맞은 인원수를 숫자로 적으세요.

예 ごかぞくは なんにんですか。 ___4___

① ともだちは なんにんですか。 _____

② がくせいは なんにんですか。 _____

2 다음을 듣고 해당하는 가족 구성원을 고르세요.

ちち	はは	あに	あね	おとうと	いもうと
예 (✓)	(✓)	( )	( )	( )	(✓)
① ( )	( )	( )	( )	( )	( )
② ( )	( )	( )	( )	( )	( )

150

かくにんしょう！

1 다음 문장을 완성하세요.

① A たくやくんの ごかぞくは ＿＿＿＿ ＿＿＿ ＿＿＿ ＿＿＿ですか。

B よにんです。

② A おねえさんは ＿＿＿＿ ＿＿＿ ＿＿＿ ＿＿＿ですか。

B １７さいです。

2 다음 낱말과 같은 의미의 것을 아래에서 골라 넣으세요.

① ちち （　　　　　　　　　）　　② はは （　　　　　　　　　）

③ いもうと （　　　　　　　　　）　　④ あに （　　　　　　　　　）

おとうさん
おにいさん
いもうとさん
おかあさん

잘했나요?

よくできましたか

♥ 한 과를 끝낸 후, 학습에 대해 자기 스스로 평가해 보세요.

항목	질문	よく できました	まあ まあです	もっと がんばろう
낱말	필요한 낱말은 모두 외웠나요?			
읽기	본문 해석이 잘됐나요?			
문법	문법 설명을 이해했나요?			
말하기	막힘없이 대화를 잘했나요?			
듣기	듣고 잘 이해했나요?			
쓰기	틀리지 않고 모두 썼나요?			

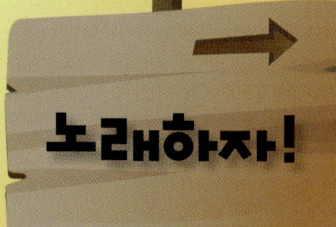

じゅうにんの インディアン 열 꼬마 인디언

1. ひ と り ふ た り さ ん に ん いる よ
2. じゅうに んきゅう に ん はち に ん いる よ

よ に ん ご に ん ろ く に んいるよ し ち に んはちにん
し ち にんろくにん ご にんいるよ よー にんさんにん

きゅう に ん いるよ じゅうにんのインディアン ボーイズ
ふ た り いるよ ひと り のインディアン ボーイズ

11

あさ、なんじに
おきますか。

아침 몇 시에 일어납니까?

학습 포인트

하루 일과를 말해 보아요.

ほうかごは なにを しますか。

としょしつで ほんを よみます。

ろく
6じに うちに かえります。

おきます
일어납니다

がっこうに いきます
학교에 갑니다

ほんを よみます
책을 읽습니다

うちに かえります
집에 돌아갑니다

べんきょうを します
공부를 합니다

テレビを みます
텔레비전을 봅니다

ごはんを たべます
밥을 먹습니다

あそびます
놉니다

ねます
잡니다

♥ 다쿠야와 유미가 하루 일과에 대해 이야기하고 있어요.

たくや　ユミさんは あさ、なんじに おきますか。

ユミ　　わたしは 7 じに おきます。
　　　　　 しち

たくや　はやいですね。がっこうは なんじに
　　　　いきますか。

ユミ　　7じはんに いきます。
　　　　しち

たくや　ほうかごは なにを しますか。

ユミ　　としょしつで ほんを よみます。
　　　　たくやくんは?

たくや　ぼくは ともだちと サッカーを します。
　　　　それから、6じに うちに かえります。
　　　　　　　　　　ろく

あさ 아침	いきます 갑니다	ともだち 친구
なんじ 몇 시	ほうかご 방과 후	~と ~와, ~랑
~に ~에(시간, 장소)	なに 무엇	サッカー 축구
おきますか 일어납니까	~を ~을(를)	します 합니다
おきます 일어납니다	しますか 합니까	それから 그리고 (나서)
はやい 빠르다	としょしつ 도서실	うち 집
がっこう 학교	~で ~에서	かえります 돌아갑니다
いきますか 갑니까	ほん 책	
はん 반, 30분	よみます 읽습니다	

まとめよう！

01 | あさ、なんじに おきますか。 아침에 몇 시에 일어납니까?

に라는 조사는 시간 뒤에 붙는 '~에'라는 의미인데, 우리말과 달리 아침 (あさ), 점심 (ひる), 저녁(よる)과 같은 막연한 시간에는 붙지 않습니다.

おきます는 '일어납니다'라는 의미의 동사인데 ～ます 뒤에 か를 붙이면 의문형이 됩니다.

02 | ほうかごは なにを しますか。 방과 후는 무엇을 합니까?

なに는 '무엇'이라는 의미이며, を는 '~을(를)'이라는 목적격 조사입니다.

> **ex** べんきょうを します。 공부를 합니다.
> えいがを みます。 영화를 봅니다.

03 | としょしつで ほんを よみます。 도서실에서 책을 읽습니다.

で는 장소를 나타내는 '~에서'라는 의미의 조사입니다.

> **ex** きょうしつで あそびます。 교실에서 놉니다.
> がっこうで うんどうを します。 학교에서 운동을 합니다.

04 | ともだちと サッカーを します。 친구와 축구를 합니다.

と 는 '~와(과), ~랑'이라는 의미의 조사입니다.

> **ex** ともだちと あそびます。   친구랑 놉니다.
>
> あねと がっこうに いきます。   누나랑 학교에 갑니다.

05 | それから、6じに うちに かえります。
그리고 6시에 집에 돌아갑니다.

それから 는 '그리고, 그리고 나서'라는 접속사이며, に 라는 조사는 장소를 나타내는 '~에'라는 의미입니다. うち 는 '집'이라는 의미 외에도 자신이 속해있는 집단을 나타내는 '우리'라는 의미로도 사용됩니다.

> **ex** うちの かぞく   우리 가족
>
> うちの がっこう   우리 학교

1 다음 질문에 각자 대답해 보세요.

[보기] あさ、なんじに おきますか。　　７じに おきます。

❶ なんじに がっこうに いきますか。　＿＿＿＿＿＿＿＿＿＿

❷ なんじに うちに かえりますか。　　＿＿＿＿＿＿＿＿＿＿

❸ なんじに テレビを みますか。　　　＿＿＿＿＿＿＿＿＿＿

❹ なんじに ねますか。　　　　　　　　＿＿＿＿＿＿＿＿＿＿

2 보기와 같이 이야기해 보세요.

A　しゅうまつは　なにを　しますか。

B　うちで　ほんを　よみます。

❶
　こうえん／あそびます

❷
　としょしつ／べんきょうを　します

❸
　えいがかん／えいがを　みます

しゅうまつ 주말	〜で ~에서	としょしつ 도서실
なにを 무엇을	こうえん 공원	えいがかん 영화관

들어보자!

きいてみよう！

Track 50

1 다음을 듣고 히라가나를 넣어 보세요.

　① 7<ruby>じ<rt>しち</rt></ruby>はんに ごはんを ＿＿＿＿＿＿＿＿＿＿＿＿＿＿＿＿＿＿＿＿＿。

　② なんじに がっこうに ＿＿＿＿＿＿＿＿＿＿＿＿＿＿＿＿＿か。

　③ としょしつで ほんを ＿＿＿＿＿＿＿＿＿＿＿＿＿＿＿＿＿＿。

2 다음을 듣고 알맞은 것을 연결해 보세요.

예　えいがかん　•

　　　　　　　　　　　　　• ほんを
　　　　　　　　　　　　　　よみます

① うち　•

　　　　　　　　　　　　　• あそびます

② こうえん　•

　　　　　　　　　　　　　• えいがを
　　　　　　　　　　　　　　みます

③ としょしつ　•

　　　　　　　　　　　　　• べんきょうを
　　　　　　　　　　　　　　します

かくにんしょう！

1 다음 빈 칸에 들어갈 히라가나를 넣어 보세요.

❶

❷

❸

2 다음 그림을 보고 문장을 완성하세요.

① ⁷しち じに ＿＿＿＿＿＿＿＿＿＿＿＿＿＿＿＿。

② がっこうに ＿＿＿＿＿＿＿＿＿＿＿＿＿＿＿＿。

③ ごはんを ＿＿＿＿＿＿＿＿＿＿＿＿＿＿＿＿。

잘했나요?

よくできましたか

♥ 한 과를 끝낸 후, 학습에 대해 자기 스스로 평가해 보세요.

항목	질문	よく できました	まあ まあです	もっと がんばろう
낱말	필요한 낱말은 모두 외웠나요?			
읽기	본문 해석이 잘됐나요?			
문법	문법 설명을 이해했나요?			
말하기	막힘없이 대화를 잘했나요?			
듣기	듣고 잘 이해했나요?			
쓰기	틀리지 않고 모두 썼나요?			

놀아보자!

しんけいすいじゃく

♣ 게임 방법

3-4명씩 그룹을 만들고 가위, 바위, 보를 하여 게임 순서를 정합니다. (순서는 진 사람부터) 부록의 동사카드를 모두 엎어 놓고, 돌아가면서 두 장씩 젖혀 나갑니다. 이 때 두 장의 카드의 짝(그림과 동사)이 맞으면 가지고 오고, 틀리면 그 자리에 다시 엎어 둡니다. 다른 사람들은 카드 위치를 기억했다가 자기 차례가 오면 짝을 맞춰 젖힙니다. 카드가 모두 없어질 때까지 순서를 돌아, 최종적으로 카드를 많이 가지고 온 사람이 이기는 게임입니다.

정답&듣기 스크립트

정답

1과

|들어보자|

1 ① はじめまして
② おねがいします
③ こちらこそ

2 ① たなかさん ― せんせい
② パクさん ― だいがくせい
③ なかむらさん ― こうこうせい

|확인하자|

1 ① ともだち ② かんこくじん ③ せんせい

2 ① よろしく
② じゃありません

2과

|들어보자|

1 ① これ／えんぴつ
② とけい
③ わたしの

2 ① とけい ― キムさん
② えんぴつ ― パクさん
③ ほん ― ユミさん

|확인하자|

1 ① あれ ② これ ③ それ

2 ① これは
② なん
③ の／の

3과

|들어보자| 1 ① 080-445-1897
② 03-702-3326
③ 080-6195-5504

|확인하자| 1 ① ばんごう　② けいたいでんわ

2 ① なんばん
② もういちど

 4과

|들어보자| 1

4시

1시 30분

9시 15분

2 ① 2：00～4：00
② 1：00～2：30
③ 12：00～1：00

|확인하자| 1 ① じゅういちじ　② くじ　③ よじ にじゅっぷん

2 ① いま
② から/まで

|들어보자| 1 ① ろくがつ にじゅうよっか
　　　　　　 ② なんようび
　　　　　　 ③ すいようび

　　　　　 2 ① やまださん ― 10/3
　　　　　　 ② ミナさん　 ― 7/16
　　　　　　 ③ たなかさん ― 12/24

|확인하자| 1 ① しけん　② たんじょうび

　　　　　 2 ① いつ
　　　　　　 ② なんようび
　　　　　　 ③ ごがつ

|들어보자| 1 ① べんり
　　　　　　 ② しんせつ
　　　　　　 ③ すきじゃありません。

　　　　　 2

みかん　　　　　　　なつ　　　　　　サッカー

|확인하자| 1 ① じゃありません
         ② なにが

      2 ① とても
         ② たべもの
         ③ いつ

7과

|들어보자| 1 ① あつい
         ② むずかしい
         ③ やすくありません

      2

にほんご

ちかてつ

りんご

|확인하자| 1 ① くありません
         ② と／と／ほう

      2 ① バス／ちかてつ
         ② はる／なつ／なつ

|확인하자| 1 ① います
② あります
③ います

2 ① した
② うしろ

|들어보자| 1 ① 6
② 10

2

	ちち	はは	あに	あね	おとうと	いもうと
①	(✓)	(✓)	( )	(✓)	( )	( )
②	(✓)	(✓)	(✓)	( )	(✓)	(✓)

1   ① なんにん
        ② おいくつ

      2   ① おとうさん
        ② おかあさん
        ③ いもうとさん
        ④ おにいさん

|들어보자| 1   ① たべます
        ② いきます
        ③ よみます

      2   ① うち   ― ほんを よみます。
        ② こうえん   ― あそびます。
        ③ としょしつ ― べんきょうを します。

|확인하자| 1   ① あさ ② ひる ③ よる

      2   ① おきます
        ② いきます
        ③ たべます

듣기 스크립트

 1과

|말해보자|

1 ① A はじめまして、パク ジンスです。
   B はじめまして、すずき さくらです。
     どうぞ、よろしく おねがいします。
   A こちらこそ、どうぞ よろしく。

  ② A はじめまして、なかむら つよしです。
   B はじめまして、カン ミナです。
     どうぞ、よろしく おねがいします。
   A こちらこそ、どうぞ よろしく。

* 답변의 예

  ③ A はじめまして、＿＿＿＿＿＿です。
   B はじめまして、＿＿＿＿＿です。
     どうぞ、よろしく おねがいします。
   A こちらこそ、どうぞ よろしく。

2 ① A ちゅうがくせい？
   B¹ うん、ちゅうがくせい。
   B² ううん、ちゅうがくせいじゃない。
   A ちゅうがくせいですか。
   B¹ はい、ちゅうがくせいです。

B² いいえ、ちゅうがくせいじゃないです。

　　いいえ、ちゅうがくせいじゃありません。

② A　ともだち？

B¹　うん、ともだち。

B²　ううん、ともだちじゃない。

A　ともだちですか。

B¹　はい、ともだちです。

B²　いいえ、ともだちじゃないです。

　　いいえ、ともだちじゃありません。

③ A　せんせい？

B¹　うん、せんせい。

B²　ううん、せんせいじゃない。

A　せんせいですか。

B¹　はい、せんせいです。

B²　いいえ、せんせいじゃないです。

　　いいえ、せんせいじゃありません。

④ A　かんこくじん？

B¹　うん、かんこくじん。

B²　ううん、かんこくじんじゃない。

A　かんこくじんですか。

B¹　はい、かんこくじんです。

B²　いいえ、かんこくじんじゃないです。

　　いいえ、かんこくじんじゃありません。

3 ① A あなたは かんこくじんですか。

B いいえ、かんこくじんじゃありません。
　にほんじんです。

② A キムさんは ちゅうがくせいですか。

B いいえ、ちゅうがくせいじゃありません。
　しょうがくせいです。

③ A すずきさんは だいがくせいですか。

B いいえ、だいがくせいじゃありません。
　こうこうせいです。

|들어보자|

1 ① はじめまして、ほんだたくやです。
② どうぞ、よろしく おねがいします。
③ こちらこそ、どうぞ よろしく。

2 보기 A: キムさんは がくせいですか。
B: はい、がくせいです。
　わたしは ちゅうがくせいです。

① A: たなかさんは だいがくせいですか。
B: いいえ、だいがくせいじゃありません。
　わたしは せんせいです。

② A: パクさんは こうこうせいですか。
B: いいえ、わたしは だいがくせいです。

③ A: なかむらさんは こうこうせいですか。
B: はい、こうこうせいです。

|말해보자|

1　① A　これは でんわですか。

　　　B¹　はい、でんわです。

　　　B²　いいえ、でんわじゃありません。

　　　　　とけいです。

　　② A　それは ほんですか。

　　　B¹　はい、ほんです。

　　　B²　いいえ、ほんじゃありません。

　　　　　ノートです。

　　③ A　あれは えんぴつですか。

　　　B¹　はい、えんぴつです。

　　　B²　いいえ、えんぴつじゃありません。

　　　　　けしゴムです。

2　① A　これは なんですか。

　　　B　それは ほんです。

　　　A　だれの ほんですか。

　　　B　キムさんの ほんです。

　　② A　これは なんですか。

　　　B　それは けしゴムです。

　　　A　だれの けしゴムですか。

　　　B　あゆみさんの けしゴムです。

178

③ A これは なんですか。

B それは とけいです。

A だれの とけいですか。

B イさんの とけいです。

④ A これは なんですか。

B それは ノートです。

A だれの ノートですか。

B わたしの ノートです。

|들어보자|

1 ① これは えんぴつです。

② あれは だれの とけいですか。

③ それは わたしの ほんじゃありません。

2 보기 A：これは だれの かばんですか。

B：それは たくやくんの かばんです。

① A：それは なんですか。

B：これは とけいです。

A：だれの とけいですか。

B：キムさんの とけいです。

② A：あれは だれの えんぴつですか。

B：あれは パクさんのです。

③ A：これは だれの ほんですか。

B：ユミさんの ほんです。

|말해보자|

1 ① A やまださんの でんわばんごうは なんばんですか。

B ゼロさんの さんよんごの ゼロいちよんきゅうです。

② A よしださんの でんわばんごうは なんばんですか。

B ゼロさんの ななさんきゅうにの ごよんよんろくです。

③ A せんせいの でんわばんごうは なんばんですか。

B ゼロさんの きゅうごににの さんななはちはちです。

|들어보자|

1 ① A：けいたいばんごうは なんばんですか。

B：0 8 0 - 4 4 5 - 1 8 9 7です。
ゼロはちゼロ の よんよん ご の いちはちきゅうなな

A：そうですか、ありがとうございます。

② A：でんわばんごうは なんばんですか。

B：0 3 - 7 0 2 - 3 3 2 6です。
ゼロさん の ななゼロ に の さんさん に ろく

A：そうですか、ありがとうございます。

③ A：けいたいばんごうは なんばんですか。

B：0 8 0 - 6 1 9 5 - 5 5 0 4です。
ゼロはちゼロ の ろくいちきゅう ご の ご ご ゼロよん

A：そうですか、ありがとうございます。

4과

| 말해보자|

1　① A　いま、なんじですか。
　　　 B　いま、ろくじ ごふんです。
　　　 A　そうですか、ありがとうございます。

　　② A　いま、なんじですか。
　　　 B　いま、くじ じゅうごふんです。
　　　 A　そうですか、ありがとうございます。

　　③ A　いま、なんじですか。
　　　 B　いま、よじ にじゅっぷんです。
　　　 A　そうですか、ありがとうございます。

　　④ A　いま、なんじですか。
　　　 B　いま、しちじ はん(さんじゅっぷん)です。
　　　 A　そうですか、ありがとうございます。

2　① A　にほんごの じゅぎょうは なんじから なんじまでですか。
　　　 B　よじから ごじまでです。

　　② A　しけんは なんじから なんじまでですか。
　　　 B　はちじから じゅうじまでです。

　　③ A　えいがは なんじから なんじまでですか。
　　　 B　ごじから しちじまでです。

④ A ひるやすみは なんじから なんじまでですか。

　B じゅうにじから いちじまでです。

|들어보자|

1　보기　いま、ちょうど ８じです。

①　いま、４じです。

②　いま、１じはんです。

③　いま、９じ１５ふんです。

2　보기　A：にほんごの じゅぎょうは なんじから なんじまでですか。

　　　　B：９じから１０じまでです。

　　　　A：そうですか、ありがとうございます。

①　　A：えいがは なんじから なんじまでですか。

　　　B：２じから４じまでです。

②　　A：しけんは なんじから なんじまでですか 。

　　　B：１じから２じはんまでです。

③　　A：ひるやすみは なんじから なんじまでですか。

　　　B：１２じから１じまでです。

|말해보자|

1 ① A きょうは なんがつ なんにちですか。

   B しがつ みっかです。

   A なんようびですか。

   B どようびです。

   ② A きょうは なんがつ なんにちですか。

   B しがつ ようかです。

   A なんようびですか。

   B もくようびです。

   ③ A きょうは なんがつ なんにちですか。

   B しがつ にじゅういちにちです。

   A なんようびですか。

   B すいようびです。

   ④ A きょうは なんがつ なんにちですか。

   B しがつ にじゅうろくにちです。

   A なんようびですか。

   B げつようびです。

2 ① A おしょうがつは いつですか。

   B いちがつ ついたちです。

② A　こどものひは いつですか。

　　B　ごがつ いつかです。

③ A　しけんは いつですか。

　　B　さんがつ じゅうよっかです。

④ A　やすみは いつですか。

　　B　しちがつ じゅうはちにちです。

|들어보자|

1　① きょうは ろくがつ にじゅうよっかです。
　　② しけんは なんようびですか。
　　③ やすみは すいようびです。

2　보기　A：キムさんの おたんじょうびは なんがつなんにちですか。
　　　　　B：さんがつじゅうごにちです。

　① A：やまださんの おたんじょうびは なんがつなんにちですか。
　　　B：じゅうがつ みっかです。
　　　A：あ、きょうは やまださんの おたんじょうびですね。

　② A：ミナさんの おたんじょうびは なんがつですか。
　　　B：わたしの たんじょうびは しちがつですよ。
　　　A：なんにちですか。
　　　B：じゅうろくにちです。

　③ A：たなかさんの おたんじょうびは いつですか。
　　　B：わたしの たんじょうびは じゅうにがつ にじゅうよっかですよ。
　　　A：わー、クリスマスイブですね。

|말해보자|

1 ① A げんき？

　　B¹ うん、げんき。

　　B² ううん、げんきじゃない。

　　A げんきですか。

　　B¹ はい、げんきです。

　　B² いいえ、げんきじゃないです。

　　　いいえ、げんきじゃありません。

② A きれい？

　　B¹ うん、きれい。

　　B² ううん、きれいじゃない。

　　A きれいですか。

　　B¹ はい、きれいです。

　　B² いいえ、きれいじゃないです。

　　　いいえ、きれいじゃありません。

③ A べんり？

　　B¹ うん、べんり。

　　B² ううん、べんりじゃない。

　　A べんりですか。

　　B¹ はい、べんりです。

　　B² いいえ、べんりじゃないです。

　　　いいえ、べんりじゃありません。

④ A　すき？

　　B¹　うん、すき。

　　B²　ううん、すきじゃない。

　　A　すきですか。

　　B¹　はい、すきです。

　　B²　いいえ、すきじゃないです。

　　　　いいえ、すきじゃありません。

2　① A　せんせいは きれいですか。

　　　B¹　はい、とても きれいです。

　　　B²　いいえ、あまり きれいじゃありません。

　② A　やまださんは しんせつですか。

　　　B¹　はい、とても しんせつです。

　　　B²　いいえ、あまり しんせつじゃありません。

　③ A　ピアノが じょうずですか。

　　　B¹　はい、とても じょうずです。

　　　B²　いいえ、あまり じょうずじゃありません。

　④ A　べんきょうが すきですか。

　　　B¹　はい、とても すきです。

　　　B²　いいえ、あまり すきじゃありません。

* 답변의 예

3　① A　スポーツの なかで なにが いちばん じょうずですか。

　　　B　やきゅうが いちばん じょうずです。

② A たべものの なかで なにが いちばん すきですか。

B すしが いちばん すきです。

③ A きせつの なかで いつが いちばん すきですか。

B はるが いちばん すきです。

④ A かしゅの なかで だれが いちばん すきですか。

B ＿＿＿＿＿＿＿が いちばん すきです。

|들어보자|

1 ① けいたいでんわは べんりです。
② せんせいは しんせつですか。
③ べんきょうは すきじゃありません。

2 보기 A：たべものの なかで なにが いちばん すきですか。
B：とんかつが いちばん すきです。

① A：くだものの なかで なにが いちばん すきですか。
B：みかんが いちばん すきです。

② A：きせつの なかで いつが いちばん すきですか。
B：なつが いちばん すきです。

③ A：スポーツの なかで なにが いちばん じょうずですか。
B：サッカーが いちばん じょうずです。

|말해보자|

1 ① A　おいしい？

　　　B¹　うん、おいしい。

　　　B²　ううん、おいしくない。

　　　A　おいしいですか。

　　　B¹　はい、おいしいです。

　　　B²　いいえ、おいしくないです。

　　　　　いいえ、おいしくありません。

② A　さむい？

　　　B¹　うん、さむい。

　　　B²　ううん、さむくない。

　　　A　さむいですか。

　　　B¹　はい、さむいです。

　　　B²　いいえ、さむくないです。

　　　　　いいえ、さむくありません。

③ A　かわいい？

　　　B¹　うん、かわいい。

　　　B²　ううん、かわいくない。

　　　A　かわいいですか。

　　　B¹　はい、かわいいです。

　　　B²　いいえ、かわいくないです。

　　　　　いいえ、かわいくありません。

④ A　おおきい？

　　B¹　うん、おおきい。

　　B²　ううん、おおきくない。

　　A　おおきいですか。

　　B¹　はい、おおきいです。

　　B²　いいえ、おおきくないです。

　　　　いいえ、おおきくありません。

2 ① A　きょうは さむいですか。

　　B　いいえ、さむくありません。

　　　　あついです。

② A　けいたいは たかいですか。

　　B　いいえ、たかくありません。

　　　　やすいです。

③ A　ねこは こわいですか。

　　B　いいえ、こわくありません。

　　　　かわいいです。

④ A　にほんごは むずかしいですか。

　　B　いいえ、むずかしくありません。

　　　　おもしろいです。

3 ① A にほんごと えいごと どちらが むずかしいですか。

　　B えいごの ほうが むずかしいです。

② A バスと ちかてつと どちらが はやいですか。

　　B ちかてつの ほうが はやいです。

③ A はると なつと どちらが あついですか。

　　B なつの ほうが あついです。

④ A ねこと ライオンと どちらが おおきいですか。

　　B ライオンの ほうが おおきいです。

|들어보자|

1 ① きょうは あついです。
　② しけんは むずかしいですか。
　③ けいたいは やすくありません。

2 보기　A：いぬと ねこと どちらが すきですか。

　　　　B：いぬの ほうが すきです。

① 　A：えいごと にほんごと どちらが おもしろいですか。
　　B：にほんごの ほうが おもしろいです。

② 　A：バスと ちかてつと どちらが はやいですか。
　　B：ちかてつの ほうが はやいです。

③ 　A：りんごと バナナと どちらが おいしいですか。
　　B：りんごの ほうが おいしいです。

8과

|말해보자|

1 ① A ピザは いくらですか。

　　 B よんひゃくえんです。

　② A スパゲッティは いくらですか。

　　 B ろっぴゃくごじゅうえんです。

　③ A コーラは いくらですか。

　　 B ひゃくにじゅうえんです。

　④ A オレンジジュースは いくらですか。

　　 B ひゃくごじゅうえんです。

　⑤ A アイスクリームは いくらですか。

　　 B にひゃくえんです。

2 ① てんいん　いらっしゃいませ。

　　 おきゃく　ピザと コーラ ください。

　　 てんいん　はい、ぜんぶで ５２０えんです。
　　　　　　　　　　　　　　ごひゃくにじゅう

　② てんいん　いらっしゃいませ。

　　 おきゃく　スパゲッティと オレンジジュース ください。

　　 てんいん　はい、ぜんぶで ８００えんです。
　　　　　　　　　　　　　　はっぴゃく

③ てんいん　いらっしゃいませ。

　　おきゃく　アイスクリームと オレンジジュース ください。

　　てんいん　はい、ぜんぶで ３５０えんです。
　　　　　　　　　　　　　　　<ruby>３５０<rt>さんびゃくごじゅう</rt></ruby>

* 답변의 예

④ てんいん　いらっしゃいませ。

　　おきゃく　ピザと アイスクリーム ください。

　　てんいん　はい、ぜんぶで ６００えんです。
　　　　　　　　　　　　　　　<ruby>６００<rt>ろっぴゃく</rt></ruby>

|들어보자|

1　보기　Ａ：いらっしゃいませ。

　　　　　Ｂ：メロン ふたつ ください。

　　　　　Ａ：はい、ありがとうございます。

①　　　Ａ：いらっしゃいませ。

　　　　　Ｂ：ハンバーガー みっつ ください。

　　　　　Ａ：はい、ありがとうございます。

②　　　Ａ：いらっしゃいませ。

　　　　　Ｂ：アイスクリーム ひとつ ください。

　　　　　Ａ：はい、ありがとうございます。

2　보기　Ａ：いらっしゃいませ。

　　　　　Ｂ：ハンバーガー ください。いくらですか。

　　　　　Ａ：はい、３００えんです。
　　　　　　　　　<ruby>３００<rt>さんびゃく</rt></ruby>

① A : いらっしゃいませ。

B : コーラは いくらですか。

A : 150えんです。
<ruby>ひゃくごじゅう</ruby>

② A : いらっしゃいませ。

B : オレンジジュース ふたつ ください。

　　ぜんぶで いくらですか。

A : 240えんです。
<ruby>にひゃくよんじゅう</ruby>

③ A : いらっしゃいませ。

B : ピザ みっつ ください。

　　ぜんぶで いくらですか。

A : 860えんです。
<ruby>はっぴゃくろくじゅう</ruby>

9과

|말해보자|

1 ① A さいふは どこに ありますか。

　 B かばんの なかに あります。

② A かばんは どこに ありますか。

　 B いすの したに あります。

③ A しんぶんは どこに ありますか。

　 B はなの みぎに あります。

④ A テレビは どこに ありますか。

B ほんだなの よこに あります。

2 ① A ひろしくんは どこに いますか。

B わたしの うしろに います。

② A あゆみさんは どこに いますか。

B わたしの となりに います。

③ A ふじきくんは どこに いますか。

B わたしの まえに います。

|들어보자|

1 보기 A : はなは どこに ありますか。
B : つくえの うえに あります。

① A : ほんは どこに ありますか。
B : ほんだなの なかに あります。

② A : かばんは どこに ありますか。
B : つくえの よこに あります。

③ A : けしゴムは どこに ありますか。
B : いすの したに あります。

④ A : いぬは どこに いますか。
B : ほんだなの まえに います。

10과

|말해보자|

1 ① A ごかぞくは なんにんですか。

B さんにんです。ちちと ははと わたしです。

② A ごかぞくは なんにんですか。

B ごにんです。ちちと ははと あねと ぼくと おとうとです。

③ A ごかぞくは なんにんですか。

B よにんです。ちちと ははと わたしと いもうとです。

2 ① A おかあさんは おいくつですか。

B ははは よんじゅうさんさいです。

② A おにいさんは おいくつですか。

B あには じゅうななさいです。

③ A いもうとさんは おいくつですか。

B いもうとは はっさいです。

|들어보자|

1 보기 A : ごかぞくは なんにんですか。

B : よにんです。

① A : ともだちは なんにんですか。

B : ろくにんです。

②　A：がくせいは　なんにんですか。
　　B：じゅうにんです。

2　보기　A：ごかぞくは　なんにんですか。
　　B：よにんです。ちちと　ははと　わたしと　いもうとです。

①　A：ごかぞくは　なんにんですか。
　　B：よにんです。ちちと　ははと　あねと　わたしです。

②　A：ごかぞくは　なんにんですか。
　　B：ろくにんです。ちちと　ははと　あにと　わたしと
　　　　いもうとと　おとうとです。

|말해보자|

* 답변의 예

1　①　なんじに　がっこうに　いきますか。
　　　8じに　がっこうに　いきます。

②　なんじに　うちに　かえりますか。
　　6じに　うちに　かえります。

③　なんじに　テレビを　みますか
　　9じに　テレビを　みます。

④　なんじに　ねますか
　　11じに　ねます。

2 ① A しゅうまつは なにを しますか。
   B こうえんで あそびます。

   ② A しゅうまつは なにを しますか。
   B としょしつで べんきょうを します。

   ③ A しゅうまつは なにを しますか。
   B えいがかんで えいがを みます。

|들어보자|

1 ① 7じはんに ごはんを たべます。
   ② なんじに がっこうに いきますか。
   ③ としょしつで ほんを よみます。

2 보기 A：しゅうまつは なにを しますか。
        B：えいがかんで えいがを みます。

   ① A：しゅうまつは なにを しますか。
     B：うちで ほんを よみます。

   ② A：しゅうまつは なにを しますか。
     B： こうえんで あそびます。

   ③ A：しゅうまつは なにを しますか。
     B：としょしつで べんきょうを します。

여러 가지 과일

かき 감

みかん 귤

オレンジ 오렌지

レモン 레몬

バナナ 바나나

まくわうり 참외

いちご 딸기

りんご 사과

なし 배

キウィ 키위

パイナップル 파인애플

すいか 수박

もも 복숭아

ぶどう 포도

여러 가지 채소

はくさい 배추

だいこん 무

トマト 토마토

にんじん 당근

きゅうり 오이

きのこ 버섯

じゃがいも 감자

さつまいも 고구마

かぼちゃ 호박

にんにく 마늘

たまねぎ 양파

ねぎ 파

とうがらし 고추

ゼロ・れい

いち

に

さん

よん・し

ご

ろく

なな・しち

はち

きゅう・く

じゅう

けいたいでんわ

たべます

みます

ねます

おきます

いきます

あそび
ます

します

よみます

かえり
ます

ふくわらい 게임에 쓰이는 おかめ의 얼굴입니다. 오려서 사용하세요.

ふくわらい 후쿠와라이

ふくわらい 게임에 쓰이는 おかめ의 얼굴입니다. 오려서 사용하세요.

あい 사랑

いえ 집

うえ 위

え 그림

おう 왕

かい 조개

かき 감

きく 국화

イ
アイスクリーム 아이스크림

ア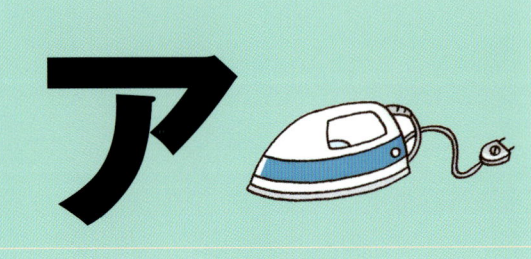
アイロン 다리미

エ
エアコン 에어컨

ウ
ウインク 윙크

カ
カメラ 카메라

オ
オレンジ 오렌지

ク
クリスマス 크리스마스

キ
スキー 스키

け
いけ 연못

こ
こい 잉어

さ
あさ 아침

し
しか 사슴

す
すし 초밥

せ
あせ 땀

そ
うそ 거짓말

た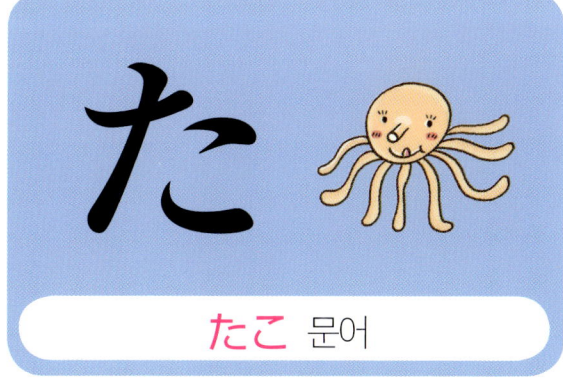
たこ 문어

コ コアラ 코알라

ケ ケーキ 케이크

シ シーソー 시소

サ サーカス 서커스

セ セーター 스웨터

ス バス 버스

タ タオル 타월

ソ ソウル 서울

ち

ち 피

つ

くつ 구두, 신발

て

ちかてつ 지하철

と

とけい 시계

な

なし 배

に

かに 게

ぬ

いぬ 개

ね

ねこ 고양이

ツアー 투어

チキン 치킨

トマト 토마토

テレビ 텔레비전

テニス 테니스

バナナ 바나나

ネクタイ 넥타이

カヌー 카누

の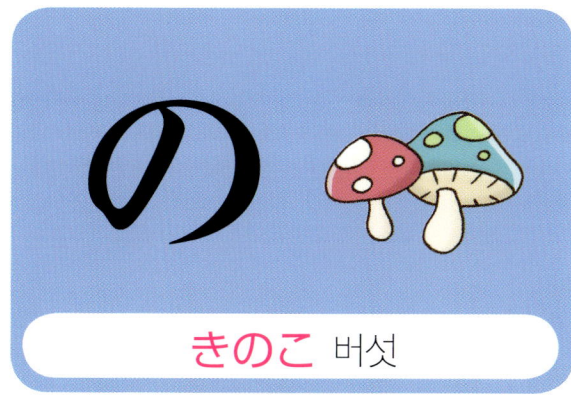
きのこ 버섯

は
はな 꽃

ひ
ひこうき 비행기

ふ
ふね 배

へ
へそ 배꼽

ほ
ほし 별

ま
うま 말

み
うみ 바다

ハ
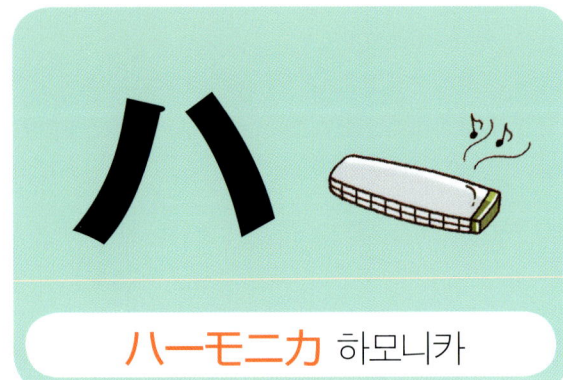
ハーモニカ 하모니카

ノ

ノート 노트

フ
フラフープ 훌라후프

ヒ

コーヒー 커피

ホ
ホテル 호텔

ヘ

ヘリコプター 헬리콥터

ミ

ミルク 우유

マ

マイク 마이크

む むし 벌레

め あめ 비

も くも 구름

や やま 산

ゆ ゆき 눈

よ ひよこ 병아리

ら そら 하늘

り りす 다람쥐

メ

メロン 메론

ム

ハム 햄

ヤ

タイヤ 타이어

モ

メモ 메모

ヨ

ヨーグルト 요구르트

ユ

ユニホーム 유니폼

リ

リボン 리본

ラ

ライオン 사자

る
くるま 자동차

れ
れつ 줄

ろ
ろうそく 양초

わ
わに 악어

を
조사로만 쓰임(~을/를)

ん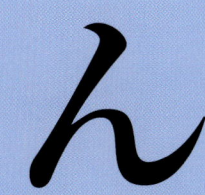
みかん 귤

히라가나(ひらがな)

あ	か	さ	た	な	は	ま	や	ら	わ
[a]	[ka]	[sa]	[ta]	[na]	[ha]	[ma]	[ya]	[ra]	[wa]
い	き	し	ち	に	ひ	み		り	
[i]	[ki]	[si]	[chi]	[ni]	[hi]	[mi]		[ri]	
う	く	す	つ	ぬ	ふ	む	ゆ	る	を
[u]	[ku]	[su]	[tsu]	[nu]	[hu]	[mu]	[yu]	[ru]	[o]
え	け	せ	て	ね	へ	め		れ	
[e]	[ke]	[se]	[te]	[ne]	[he]	[me]		[re]	
お	こ	そ	と	の	ほ	も	よ	ろ	ん
[o]	[ko]	[so]	[to]	[no]	[ho]	[mo]	[yo]	[ro]	[n]

가타카나(かたかな)

ア	カ	サ	タ	ナ	ハ	マ	ヤ	ラ	ワ
[a]	[ka]	[sa]	[ta]	[na]	[ha]	[ma]	[ya]	[ra]	[wa]
イ	キ	シ	チ	ニ	ヒ	ミ		リ	
[i]	[ki]	[si]	[chi]	[ni]	[hi]	[mi]		[ri]	
ウ	ク	ス	ツ	ヌ	フ	ム	ユ	ル	ヲ
[u]	[ku]	[su]	[tsu]	[nu]	[hu]	[mu]	[yu]	[ru]	[o]
エ	ケ	セ	テ	ネ	ヘ	メ		レ	
[e]	[ke]	[se]	[te]	[ne]	[he]	[me]		[re]	
オ	コ	ソ	ト	ノ	ホ	モ	ヨ	ロ	ン
[o]	[ko]	[so]	[to]	[no]	[ho]	[mo]	[yo]	[ro]	[n]

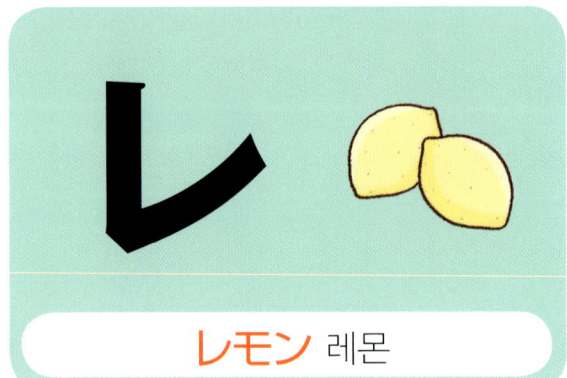

レ

レモン 레몬

ル

ルーム 룸

ワ

ワイン 와인

ロ

ロボット 로봇

ン

パソコン 퍼스널 컴퓨터

ヲ

조사로만 쓰임（〜을/를）

히라가나(ひらがな)

あ	か	さ	た	な	は	ま	や	ら	わ
[a]	[ka]	[sa]	[ta]	[na]	[ha]	[ma]	[ya]	[ra]	[wa]
い	き	し	ち	に	ひ	み		り	
[i]	[ki]	[si]	[chi]	[ni]	[hi]	[mi]		[ri]	
う	く	す	つ	ぬ	ふ	む	ゆ	る	を
[u]	[ku]	[su]	[tsu]	[nu]	[hu]	[mu]	[yu]	[ru]	[o]
え	け	せ	て	ね	へ	め		れ	
[e]	[ke]	[se]	[te]	[ne]	[he]	[me]		[re]	
お	こ	そ	と	の	ほ	も	よ	ろ	ん
[o]	[ko]	[so]	[to]	[no]	[ho]	[mo]	[yo]	[ro]	[n]

가타카나(かたかな)

ア	カ	サ	タ	ナ	ハ	マ	ヤ	ラ	ワ
[a]	[ka]	[sa]	[ta]	[na]	[ha]	[ma]	[ya]	[ra]	[wa]
イ	キ	シ	チ	ニ	ヒ	ミ		リ	
[i]	[ki]	[si]	[chi]	[ni]	[hi]	[mi]		[ri]	
ウ	ク	ス	ツ	ヌ	フ	ム	ユ	ル	ヲ
[u]	[ku]	[su]	[tsu]	[nu]	[hu]	[mu]	[yu]	[ru]	[o]
エ	ケ	セ	テ	ネ	ヘ	メ		レ	
[e]	[ke]	[se]	[te]	[ne]	[he]	[me]		[re]	
オ	コ	ソ	ト	ノ	ホ	モ	ヨ	ロ	ン
[o]	[ko]	[so]	[to]	[no]	[ho]	[mo]	[yo]	[ro]	[n]

동양북스 채널에서 더 많은 도서
더 많은 이야기를 만나보세요!

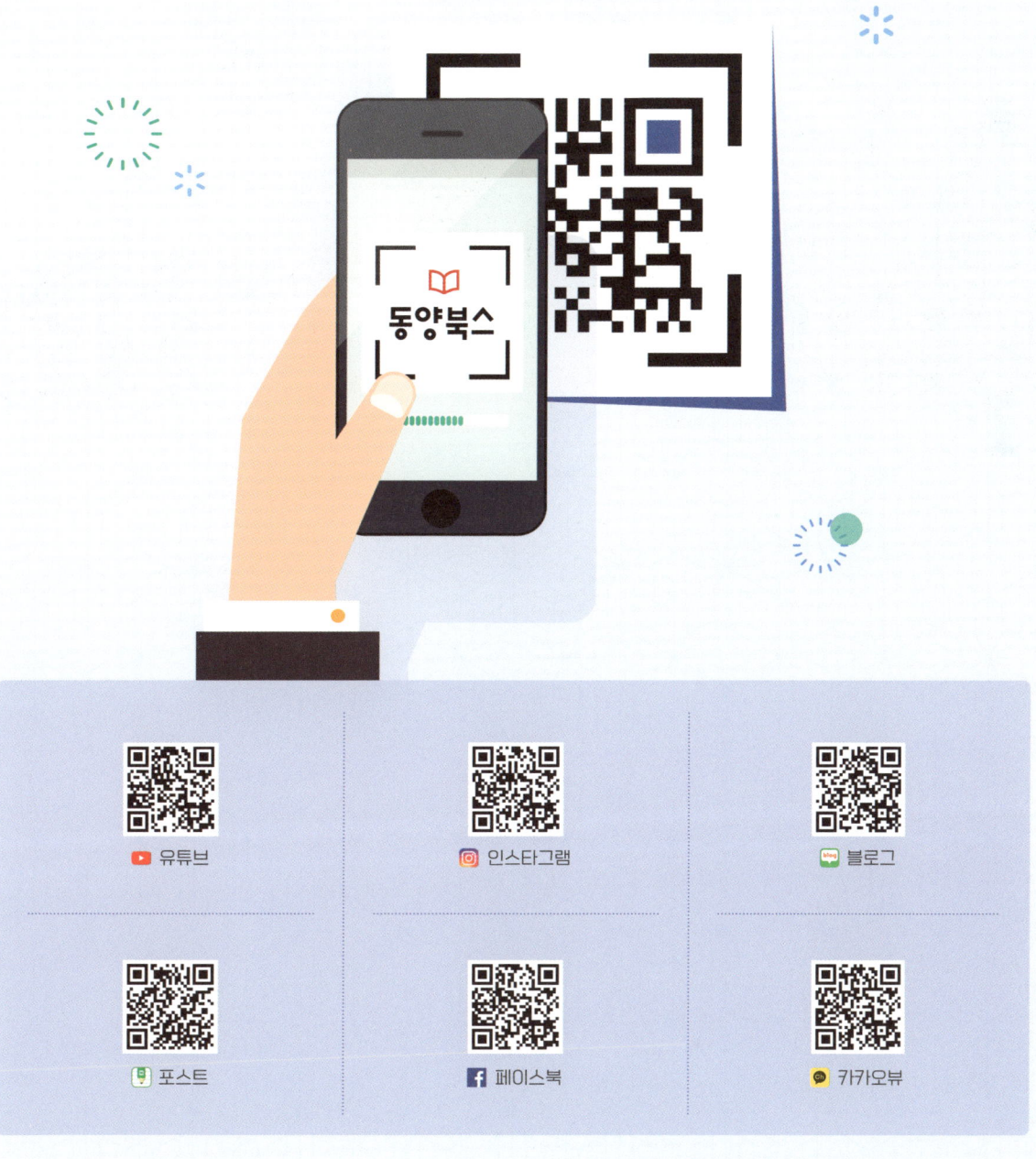

외국어 출판 45년의 신뢰
외국어 전문 출판 그룹
동양북스가 만드는 책은 다릅니다.

45년의 쉼 없는 노력과 도전으로 책 만들기에 최선을 다해온
동양북스는 오늘도 미래의 가치에 투자하고 있습니다.
대한민국의 내일을 생각하는 도전 정신과 믿음으로 최선을 다하겠습니다.

동양북스